Alfred Barthe

Über die Präpositionen par und pur in einigen

anglonormannischen Denkmälern

nebst einleitenden Bemerkungen...

Alfred Barthe

Über die Präpositionen par und pur in einigen anglonormannischen Denkmälern
nebst einleitenden Bemerkungen...

ISBN/EAN: 9783744677097

Hergestellt in Europa, USA, Kanada, Australien, Japan

Cover: Foto ©Thomas Meinert / pixelio.de

Weitere Bücher finden Sie auf **www.hansebooks.com**

Über die Präpositionen

par und pur

in einigen anglonorm. Denkmälern

nebst einleitenden Bemerkungen

über das

Verhältnis der Quatre Livres des Rois und der anglonorm. Psalter zu ihren Vorlagen.

Inaugural-Dissertation

zur

Erlangung der Doctorwürde

an der philosophischen Facultät der Universität Marburg

vorgelegt von

Alfred Barthe

aus Hamburg.

Marburg

1887.

Herrn Professor Dr. Edmund Stengel

in dankbarer Verehrung

gewidmet.

In der vorliegenden Abhandlung soll der Gebrauch der Präpositionen **par** und **pur** in einigen altanglonormannischen Denkmälern untersucht werden. Auch **en** ist in Bearbeitung; da jedoch jene beiden Präpositionen schon hinreichend den Raum einer Dissertation ausfüllen, so wird diese später in Druck erscheinen.

Über Präpositionen im Allgemeinen handeln ausser den bekannten grösseren Grammatiken von Diez, Burguy, Maetzner:

Gessner: Sur l'origine des prépositions françaises. Programme du collège royal français. Berlin 1858.

Boeddeker: Über die formelle und begriffl. Entwicklung der franz. Präpositionen od, avec, avant, fors, defors. Herrig's A. 45.

Raithel: Die altfranz. Präpositionen. Ihr Gebrauch und ihre begriffliche Entwicklung im Anschluss an Chrétien's „Chevalier au lyon" mit Berücksichtigung des Lateinischen u. Neufranzösischen. 1. Abteilung: od, par, en, enz, denz, dedenz, parmi, enmi. Göttingen 1875.

Clarin: Du génitif latin et de la préposition de. Paris 1880.

Soltmann: Der Infinitiv mit der Präposition à im Altfrz. Altenburg 1881.

Schlenner: Über den adnominalen Gebrauch der Präp. de im Altfrz. Halle 1881.

Dickhuth: Form und Gebrauch der Präpositionen in den ältesten frz. Sprachdenkmälern. Münster 1883.

Uns interessiren hier nur die Arbeiten von *Gessner, Raithel* und *Dickhuth. Gessner* behandelt auf wenigen Seiten sämmtliche Präpositionen mit besonderer Rücksicht auf ihre Gebrauchsweisen im Lateinischen. Eine erschöpfende Untersuchung kann daher selbstverständlich nicht erwartet werden. Eine begriffliche Entwicklung einiger Präpositionen giebt *Raithel's* fleissige Arbeit, in welcher eine grosse Anzahl von Denkmälern, besonders der Chevalier au lyon in Untersuchung gezogen sind. Meine Arbeit weicht von der Raithel's insofern ab, als ich mich auf eine kleine Anzahl von Texten beschränkt, in diesen aber eine möglichst vollständige Ausbeutung der dort vorkommenden präpositionalen Fälle versucht habe. Auf die begriffliche Entwicklung habe aber auch ich besonderen Wert gelegt. *Dickhuth's* Dissertation ist durch das kurz vorher erschienene Wortverzeichnis *Stengel's* zu den ältesten Denkmälern (Ausg. und Abh. I hinter Cancun de St. Alexis) zum Teil überflüssig gemacht, da in diesem Verzeichnis gleichfalls sämtliche Präpositionalfälle, die sich in den ältesten Denkmälern finden, angeführt sind. D.'s Einteilungsprinzip, nach welchem die einzelnen Präpositionen vollkommen zersplittert werden, halte ich für wenig praktisch.

Folgende anglonormann. Denkmäler liegen meiner Präpositional-Abhandlung zu Grunde:

Bra = das Brandanlied. Londoner Hs., ed. Suchier (L). Rom. Stud. Bd. 1.[1])

LR = Les quatre livres des rois, ed. Le Roux de Lincy. Paris 1841.[2])

Ps O = der Oxforder Psalter (Libri Psalmorum versio antiqua gallica), ed. F. Michel. Oxford 1860, mit Zuhülfenahme des Cambridger Psalters, ed. F. Michel. Paris 1876.[3])

LR und *Ps C* sind aus der *Vulgata*, *Ps C* aus *Hieronimus' Versio hebraica* übersetzt.

Über Sprache und Dialekt in unseren Denkmälern s. *Suchier* Z. f. rom. Ph. Bd. 1, S. 568 f.; *Schlösser* in seiner Diss. über LR; *Meister: Die Flexion im Oxforder Psalter.* Halle 1877; *Mall* in seiner Ausg. des *Compuz*, besonders S. 39 u. 40.

Diese drei Denkmäler geben ganz verschiedene Proben der älteren anglonormannischen Sprache, eine Probe nämlich der poetischen Diction, eine der frei übersetzten Prosa und eine der vollkommen wörtlich übersetzten.

Können wir in stilistischer Hinsicht eine vollständige Unabhängigkeit der Übersetzung der *LR* von den Originalen nachweisen, so liefern sie uns einen für grammatische Zwecke recht wertvollen Text; denn frei von dem Zwange des Rhythmus und Reims, der die übrigen ältesten Texte in der freien Entfaltung des Stils hindert, frei ferner von lateinischem Einfluss, wie er in den Psaltern vorliegt, ergiebt er sich als ein schönes Denkmal der ungezwungenen natürlichen Umgangssprache der damaligen Zeit. Für unsere Zwecke im Besonderen ist dieser Text recht geeignet, weil wir hier im Stande sind, in den einzelnen Fällen die Ausdrücke für die präpositionalen Beziehungen des *Anglonormannischen* und des *Kirchenlateins* gegenüberzustellen, ohne an eine direkte Beeinflussung des Ersteren seitens des Letzteren denken zu müssen.

Es liegt uns also zunächst ob, zu zeigen, dass ein stilistischer Einfluss des Originals bezw. der Originale auf LR nicht vorliegt. Das fast

---

[1]) Von anderen Hss. des Bra ist öfter zum Vergleich herangezogen die *Pariser Arsenal hs*, abgedruckt von Auracher. Z. f. rom Ph. Bd. 2 (P). Drei weitere Hss. sind A (Ashburnham), Y (York) und O (Oxford). Die Citate richten sich nach L. Über die verschiedenen Hss. des Bra handelt *Max Wien* (Hallenser Diss. 1886). Das Br.lied haben noch zum Gegenstande ihrer Untersuchung gemacht *Vising (Etude sur le dialecte anglo-normand du XII siècle.* Upsala 1882) (Vi), *Birkenhoff (Über Metrum und Reim im Bra.* Stengel's A. u. A. XIX. Marburg 1884) (Bi) und *Hammer* Zeitschr. f. r. Philol. IX, 75, dessen Untersuchung mir aber zu spät bekannt wurde, um sie noch benutzen zu können.

[2]) *Schlösser's* Diss.: *Die Lautverhältnisse der LR.* Bonn 1886, giebt zum Schluss in *Ollerich's* Collation Berichtigungen zu Le Roux' Text, die in manchen Fällen auch für meine Arbeit von Wichtigkeit waren. Über die Hss. der LR s. *Berger: la bible française au moyen âge.* Paris 1884. II, S. 51.

[3]) Über die Hss. der Ps. s. u. a. *Berger* I, Cap. 1 u. 2.

durchgängig zu Grunde liegende Original ist die *Vulgata.* Der Text
derselben ist von Le Roux unter dem Text der LR beigefügt. Eine
flüchtige Durchsicht von wenigen Seiten der Le Roux'schen Ausgabe
lässt bereits erkennen, dass die anglo-norm. Übersetzung eine sehr freie
Übertragung, ja mehr eine Bearbeitung als eine Übersetzung der Vulgata ist. Man vergleiche hierüber auch *Gorges: Über Stil und Ausdruck
einiger altfrz. Prosaübersetzungen.* Halle 1882. Wer so willkürlich
und unabhängig verfährt, wer in so dichterischer Weise den Text neu
schafft, nach Belieben ändernd, zusammenfassend, ergänzend und strei-
chend, der wird sich auch hinsichtlich der grammatischen Ausdrücke
und Wendungen schwerlich von seinem Originale haben beeinflussen lassen.
Nun sind aber auch noch andere Werke von dem Übersetzer gelegentlich
benutzt, und wenn auch von vorn herein als sicher anzunehmen ist, dass
auch hier nicht von einem stilistischen Einfluss der genannten Originale
auf LR die Rede sein wird, so möchte doch eine Gegenüberstellung
einiger sich entsprechenden Stellen aus diesen Nebenvorlagen und den
LR von Nutzen sein, um so durch den Augenschein zu bestätigen, was
a priori zu vermuten ist.[1])

Zunächst ist hier eine Bemerkung, die sowohl *Le Roux* wie *Gorges*
gemacht hat, hervorzuheben, dass nämlich ausser der *Vulgata* noch eine
weitere Quelle nebenher benutzt sei. Während aber Le Roux (S. CXIX)
blos vermutet, dass dies die *Itala* sei, nennt Gorges (S. 15) in bestimmter
Weise Letztere als gelegentliche Quelle für LR. Keiner von beiden
bringt jedoch Belege dafür bei. Ein Vergleich der LR mit den erhal-
tenen Fragmenten der Itala und mit der Vulgata zeigt bald, dass Letztere
durchgehend der LR als Vorlage gedient hat:

Itala	LR	Vulgata
I 2₂ fortis.	de la force	sanctus.
2₃ Deus praeparans adinventiones ejus	a lui sunt apreste li pensed	ipsi praeparantur cogitationes.
2₄ arcum potentium infirmum fecit	li arcs des forz est surmuntez	arcus fortium superatuo est.
2₅ pleni	ki primes furent saziez	repleti prius.
ib. esurientes praebuerunt terram	li fameillus sunt asaziez	famelici saturati sunt.
ib. quoniam sterilis peperit septem	puis que la baraigne plusurs enfantad	donec sterilis peperit plurimos.
2₆ adducet	remeine	reducit.
2₈ elevat a terra pauperem	le mesaise esdrezce del puldrier	suscitat de pulvere egenum.
2₉ qui dat orationem oranti	les piez as seinz guvernerad	pedes sanctorum suorum servabit.

---

[1]) Über die Vorlagen der LR findet sich auch eine kurze Notiz in
Berger: Cap. II. Les quatre livres des rois. S. 52.

So habe ich die ersten fünf Capitel in den drei Texten genau ver-
glichen, ohne eine Stelle gefunden zu haben, die zum Belege dienen
könnte, dass die — fragmentarische — Itala von Einfluss auf die Übersetzung gewesen ist. Wohl aber stiess mir die Ähnlichkeit einer Stelle
der LR mit der Parallelstelle der *Septuaginta* auf, wo gerade die uns
erhaltene Itala eine Lücke zeigt. Cap. I 1,7 Sept. *καὶ ἠϑύμει καὶ ἔκλαιε
καὶ οὐκ ἤσϑιε* = LR *un duleir, plurer e viande deporter* = Vulg. *flebat
et non capiebat cibum*. Da nun wahrscheinlich der frz. Übersetzer kein
Griechisch verstanden hat (vgl. Berger I, Cap. 1), also auch nicht die
Septuaginta, sondern nur eine latein. Bibelübersetzung vor sich gehabt
haben muss, so mag dies immerhin die Itala gewesen sein, die hier dieselbe Fassung gehabt haben wird, wie die Septuaginta.

Eingehender das Verhältnis der LR zur Itala oder Septuaginta zu
prüfen, kann nicht meine Aufgabe sein, zumal die etwaigen geringfügigen
Resultate für meine Untersuchung von gar keinem Interesse sein können,
indem ich an mehreren anderen von LR wirklich benutzten lateinischen
Schriften zeigen werde, dass von einer stilistischen Beeinflussung der LR
seitens derselben keine Rede sein kann.

Auf den Rändern der Ausgabe der LR sind noch eine Anzahl von
Werken namhaft gemacht, die bei der Übertragung gleichfalls benutzt
sind. Eine Vergleichung der LR mit einigen Parallelstellen aus diesen
Werken möge nun folgen, um dadurch die stilistische Selbständigkeit
der LR festzustellen.

Am Rande finden wir die Namen von: **Hieronimus**, liber de
Questionibus super Regum, **Isidorus**, liber de ignotis partibus veteris
et novi testamenti, **Josephus**: historia Judaica (Jüdische Archäologie),
Auctoritas,[1] **Gregorius**, **Paralipomenon**, **Augustinus** super
Psalterium, **Cassiodorus** super Psalterium, **Angelomus**, **Beda**,
Paulus, epistola ad Ebraeos.

Der Name **Josephus** findet sich in LR S. 7, 34, 36, 49, 68, 89,
109, 125, 132, 136, 147, 148, 198, 213, 234, 240, 241, 244, 245, 246,
250 u. s. w. Zu Grunde wird jedenfalls eine lat. Übersetzung des griech.
Schriftstellers liegen.

S. 7. In LR lesen wir: *encuntre Deu furent felun e encuntre la
gent torcenus*. Dieser Satz findet sich nicht in Vulg., er ist entnommen
aus Jos. V 10,1 *πρὸς ἀνϑρώπους ὑβρισταί*. ib. *πρὸς τὸ ϑεῖον ἀσεβεῖς*.
Ebenso hat die darauf folgende Stelle: *par pri, par force les dames
violerent, le pople del sacrefise tresturnerent* seine Quelle in Josephus
V 10,1 *Γυναῖκας τε τὰς ἐπὶ ϑρησκείᾳ παραγινομένας ὕβριζον φϑοραῖς,
ταῖς μὲν βίαν προσφέροντες, τὰς δὲ δώροις ὑπαγόμενοι. le pople del
sacrefise tresturnerent* scheint ein Zusatz des Übersetzers zu sein, und
der folgende Satz: *del sacrefise pristrent a sei* u. s. w. ist eine Zusammen-
fassung der Verse I 2,13—16 der Vulg. Wir sehen im Obigen einige
Ausdrücke aus dem Griechischen fast wörtlich herübergenommen, von
stilistischem Einfluss kann jedoch keine Rede sein.

---

[1] Über Auctoritas s. *Berger* S. 52.

Auf S. 34 = Vulg. I 10 $_{13.14}$ folgt der Übersetzer der Vulg.
Der Name des Jos. am Rande deutet nur an, dass Jos. ähnlich berichtet.
Kein Einfluss von Seiten des Jos. zu spüren (vgl. Jos. VI 4 $_3$ Anfang).
Auf S. 36 = Vulg. I 11 $_2$ hat die Note unter dem Texte seine
Quelle in Jos. VI 5 $_1$. Die Note ist hinzugefügt zu den Worten: *a chas-*
cun de vus l'oil destre creverai.

LR S. 36

Issi le soleit faire a ses aversaries
quant il les perneit, que de meins
fussent cuvenables a bataille quant
de suz l'escu serreit l'oil senestres
e creve serreit li destres.

Jos. VI 5 $_1$

Ἐποίει δὲ τοῦθ', ὅπως, τῆς ἀριστε-
ρᾶς αὐτοῖς ὄψεως ὑπὸ τῶν θυρεῶν
καλυπτομένης, ἄχρηστοι παντελῶς
εἶεν.

Das Französische ist hier eine freie Übersetzung des Griechischen.
Auf S. 49 = Vulg. I 14 $_{30}$ hat der anglonorm. Text vielmehr
Ähnlichkeit mit der entsprechenden Stelle bei Jos. als mit derjenigen
in Vulg.

Vulg. I 14 $_{30}$

quanto magis si come-
disset populus de prae-
da inimicorum suorum,
quam reperit? nonne
major plaga facta fuis-
set in Philisthiim.

LR S. 49

e cument — so denkt
Jonathan — *se li poples*
se fust disne, dun ne
serreit de mielz aisied
ses enemis a pursievre,
a ateindre e a descun-
fire?

Jos. VI 6 $_3$

Ἔφη .... μετὰ μείζονος
γὰρ ἰσχύος ἂν καὶ προ-
θυμίας διώκοντας, εἰ
τροφῆς μετελάμβανον,
πολλῷ πλείονας καὶ λα-
βεῖν τῶν ἐχθρῶν καὶ
φονεῦσαι.

A pursievre, a ateindre e a descunfire entspricht zwar wörtlich
dem Griechischen διώκοντας καὶ λαβεῖν καὶ φονεῦσαι, doch ist der Stil
des ganzen Absatzes in LR unabhängig von Jos.
Auf S. 68 = Vulg. I 17 $_{52}$ hat der Übersetzer Vulg.: *ceciderunt-*
que vulnerati de Philisthiim in via Saraim et usque ad Geth et usque
ad Accaron ersetzt durch einen Satz aus Jos. VI 9 $_5$ καὶ θνήσκουσι μὲν
τῶν Παλαιστίνων εἰς τριαμυρίους, δὶς δὲ τοσοῖτοι τραυματίαι γίνονται.
In LR heisst es: *ocistrent al jur trente milie des Philistiens, e altretant*
en furent nafrez, worauf der geistreiche Schluss: *si que seisante milie*
des Philistiens en furent que morz que blesciez.

Ebenso unabhängig, wie sich der Stil der LR in den bisherigen
Fällen gegenüber Josephus gezeigt hat, erweist er sich auch in den folgenden Fällen; wo ich die verschiedenen Texte einander einfach gegen-
überstellen will.

Vulg. I 23 $_1$

Et annuntiaverunt Da-
vid dicentes: Ecce Phi-
listhiim oppugnant Cei-
lam et diripiunt areas.

LR 89

la nuvele vint a David
que li Philistien guerri-
ouent une ville kifud
apelee Ceila, e qu'il
emportouent les blez e
les fruiz.

Jos. VI 13 $_1$

Κατὰ δὲ τοῦτον τὸν
καιρὸν ἀκούσας ὁ Δα-
υίδης τοὺς Παλαιστί-
νους ἐμβεβληκότας εἰς
τὴν Κιλλανῶν χώραν
καὶ ταύτην διαρπάζον-
τας δίδωσιν ἑαυτὸν στρα-
τεύειν ἐπ' αὐτούς.

10

Vulg. 1 28 ₁ ₂ f.	LR 109 car co li out mustred li esperiz ki li aparut.	Jos. VI 14 ₃ (n. d. Mitte) ἐδήλωσε γὰρ αὐτὸν ὁ Σαμούηλος.
Vulg. II 2 ₁ ₂ Egressusque est Abner filius Ner et pueri Is- boseth filii Saul de ca- stris in Gabaon.	LR 125 Abner le fiz Ner asem- blad ost del esliture de Israel, pur damagier e bataille tenir encuntre ces de Juda, (kar for- ment fud irez vers els de co qu'il ourent David eslit a rei e a seignur.	Jos. VII 1 ₃ vorn. Ὥρμησε δ'ἐκεῖθεν Ἀβενη- ρος μετὰ στρατιᾶς ἐπι- λεκτου, συμβαλεῖν τοῖς ἐκ τῆς Ἰούδα φυλῆς προ- αιρούμενος ὀργισθεὶς ὅτι ἐβασίλευσεν Δαυΐδην.
Vulg. II 3 ₂ ₆ f.	LR S. 132 Quant Joab vit qu'il ne pout le rei cummoveir vers Abner, (eissid fors).	Jos. VII 1 ₅ Ὡς δ'οὐκ ἔπειθε τὸν Δαυΐδην τούτοις οὐδὲ παροξυνόμενον ἑώρα.
Vulg. II 5 ₆ Et abiit rex, et omnes viri qui erant cum eo in Jerusalem, ad Jebu- saeum habitatorem ter- rae: dictumque est David ab eis: Non ingredieris huc nisi abstuleris caecos et claudos dicentes: Non ingredietur David huc. Cepit autem David ar- cem Sion, haec est ci- vitas David.	LR S. 136 A cel cuntemple s'en alad li reis e tute sa ost a Jerusalem e asist les Jebusiens ki la tindrent. E il en despit del rei asistrent les cieus e les clops e les leprus as kernels de la cited, si distrent al rei: Tu n'enterras en la cited, si tu ne remues les clops e les cieus ki dient e aferment, que tu n'i metras le pie. David se cureçad forment e ase- jad la cited e prist la tur de Syon ço, est la cited David.	Jos. VII 2 ₂ Ende Ὁ Δαυΐδης μετὰ πάντων ἐκεῖθεν ἄρας ἧκεν εἰς Ἱεροσόλυμα. Jos. VII 3 ₁ Τῶν δὲ κατοικούντων τὴν πόλιν Ἰεβουσαίων, γένος δ' εἰσὶν οὗτοι Χαναναίων, ἀποκλεισάν- των αὐτῷ τὰς πύλας, καὶ τοὺς πεπηρωμένους τὰς ὄψεις καὶ τὰς βά- σεις καὶ πᾶν τὸ λελω- βημένον στησάντων ἐπὶ κλεύῃ τοῦ βασιλέως ἐπὶ τοῦ τείχους καὶ λεγόν- των κωλύειν αὐτὸν εἰσ- ελθεῖν τοὺς ἀναπήρους, ταῦτα δὲ ἔπραττον κατα- φρονοῦντες τῇ τῶν τει- χῶν ὀχυρότητι, ὀργισθεὶς πολιορκεῖν ἤρξατο τὰ Ἱεροσόλυμα.

Wir sehen, wie viele Ausdrücke LR aus Jos. entnommen hat.

les Jebusiens = Ἰεβουσαίων.

en despit del rei = ἐπὶ κλεύῃ τοῦ βασιλέως.

asistrent les cieus e les clops e } = { τοὺς πεπηρωμένους τὰς ὄψεις καὶ
les leprus as kernels de la cited } = { τὰς βάσεις καὶ πᾶν τὸ λελωβημέ-
} = { νον στησάντων ... ἐπὶ τοῦ τείχους.

D. se cureçad forment e asejad = ὀργισθεὶς πολιορκεῖν ἤρξατο.

Wenn, wie aus dieser Zusammeustellung ersichtlich ist, auch manche Einzelheiten von LR dem Jos. entnommen sind, so gewahrt man doch nirgends einen stilistischen Einfluss des Jos. auf LR. Weitere Parallelstellen sind: LR S. 148 = Vulg. II 8_{10} = Jos. VII 5_4. S. 148 = Vulg. II 8_{14} = Jos. VII 5_1 gegen Ende. S. 198 = Vulg. II 20_9 = Jos. VII 11_7. S. 213 = Vulg. II 23_{20} = Jos. VII 12_4 Ende. S. 240 = Vulg. III 4_{31} = Jos. VIII 2_5.

In derselben Weise wie Jos. ist auch **Hieroulmus:** *de Questionibus super Regum*, worin derselbe Stellen aus der Vulgata erklärt, von LR benutzt.

Auf LR S. 1 (= Vulg. I 1_1) entspricht der Teil der Note: *cist bers Helchana fud del lignage as ordenez Deu de part pere c de lignage real de part mere* der Bemerkung des Hier. zu Vulg. I 1_1 *quod pater Elcanac de tribu fuerit Levy .... matrem quoque ejus de tribu Juda exstitisse monstratur.*

Auf LR S. 2 sind die Worte in dem Text: *sulunc la lei* dem Hier. (s. s. Bemerkung hinter „Deditque Phenenna — partes") entlehnt: *juxta morem.*

Auf LR S. 4 = Vulg. I 1_{16} ist die Note: *Belial, ço est senz ju e cil sunt fiz Belial ki tuz jurs tirent vers le mal, ostent le ju de la lei Deu, e de vice en altre vunt cancelant, lur criatur atarjant* eine poetisch ausgeschmückte Wiedergabe der Bemerkung des Hieron. zu Vulg. I 1_{16} (hinter „usque ad praesens"): *Belial enim interpretatur, absque jugo. Et notandum quod omnes qui ebrietatem secuntur filii Belial vocentur.* (Weiter findet sich nichts bei Hieron.) Die zweite Note auf derselben Seite der LR hat ihren Ursprung nicht in Hieron. Woher sie stammt, ist mir unbekannt.

So frei wie die bisherigen Übertragungen aus Hieron. ist auch die folgende. S. 6 Note = Vulg. I 2_5: *Li antif Judeu aferment que morz fud li einznez fiz Fenenne, quant nez fud Samuel, ki fud fiz a la bonurec Anne e pois chascun an quant enfant out Anne perdi alcun Fenenne.* = Hieron. (nach „infirmata est") *quod nato Samuele mortuus sit filius primogenitus Phenennae et ita ortis filiis Annae, Phenennae filii mortui sunt.*

Es würde für unsere Zwecke zu weit führen, weiter in diesem Vergleiche zwischen LR und Hieron. fortzufahren. Parallelstellen finden sich noch LR S. 9 = Vulg. I 2_{27} = Hieron. (hinter „in sacerdotem" Vulg. I 2_{28}). S. 10 = Vulg. I 2_{32} = Hieron. (hinter „Et videbis — prosperis Israel"). S. 10 = Vulg. I 2_{33} = Hieron. (hinter „tabescat anima tua"). S. 13 = Vulg. I 3_{21} = Hieron. (hinter „et evenit — universo Israeli"). S. 23 = Vulg. I 6_{19} = Hieron. (hinter „arcam Domini"). Ferner S. 30 = Vulg. I 9_{12}. S. 33 = Vulg. I 10_8. S. 35 = Vulg. I 10_{23}. S. 42 Note = Vulg. I 13_3 u. s. w.

So mögen nun einige Stellen aus den **Chroniken** (Paralipomena) folgen, die von LR benutzt sind. Der Name *Paralipomenon* findet sich erst von S. 137 ab in LR. Hier lautet die Stelle: *Pramis out riches duns e la maistre cunestablie a celi ki primes en la cited enterreit e prendreit*, im allgemeinen eine Übersetzung von Vulg. II 5_8 *Proposuerat* *enim David in die illa praemium, qui percussisset Jebusaeum,* doch stammen die Ausdrücke *primes* und *la maistre cunestablie* von Paralip. I 11 $_6$ her: *Dixitque: Omnis qui percussisset Jebusaeum in primis, erit princeps et dux.*

Auf LR S. 138 *E li Philistien guerpirent iloc lur deus, e David les prist e ardeir les fist* kommt der Ausdruck *prist* in Vulg. II 5 $_{21}$ vor: *et reliquerunt ibi sculptilia sua, quae tulit David et viri ejus.* Der Ausdruck *ardeir les fist* in Paralip. I 14 $_{12}$ *Dereliqueruntque ibi deos suos, quos David jussit exuri.*

Auf LR S. 140 fehlt der Satz: *Fist assembler les einznez e le barnage de Israel e les ordenez ki esteient del lignage Levi* in Vulg. (II 6 $_{12}$). Die Originale dazu sind: Paralip. I 15 $_9$ *Congregavitque universum Israel in Jerusalem ut afferretur arca Dei in locum suum* und Paralip. I, 15 $_{11}$ *Vocavitque David Sadoc et Abjathar, Sacerdotes, et Levitas: Uriel, Asajam, Joel, Semejam, Eliel, et Aminadab.*

Auf LR S. 146 dient der Name *Paralip.* am Rande nur dazu, auf die Parallelstelle in Paralip. I 18 $_2$ f. hinzuweisen. ,

Weitere Parallelstellen in LR, Vulg. und Paralip. sind: LR S. 147 = Vulg. II 8 $_{7,8}$ = Paralip. I 18 $_{7,8}$. LR S. 212—213 = Vulg. II 23 $_{16}$ = Paralip. I 11 $_{18}$. LR S. 215 = Vulg. II 24 $_1$ = Paralip. I 21 $_1$. LR S. 216 = Vulg. II 24 $_9$ = Paralip. I 21 $_5$. LR S. 218 = Vulg. II 24 $_{17}$ = Paralip. I 21 $_{16}$. LR S. 218 = Vulg. II 24 $_{18,19}$ = Paralip. I 21 $_{18,20}$ u. s. w., wovon ich nur noch die erste Gruppe zusammenstellen will.

Vulg. II 8 $_{7,8}$	LR S. 147	Paralip. I 21 $_1$
Et tulit David arma aurea quae habebant servi Adarezer et detulit ea in Jerusalem.	*David prist les armes d'or e les quivres d'or e les urnemenz d'or qu'il cunquist sur la maignie Adadezer, e porter les fist en Jerusalem.*	*Tulit quoque David pharetras aureas, quas habuerant servi Adarezer, et attulit eas in Jerusalem;*
Et de Bete e de Beroth civitatibus Adarezer tulit rex David aes multum nimis.	*E areim mult de grant maniere prist de dous citez Adadezer, Bethe e Beroth.*	*necnon de Thebath et Chun, urbibus Adarezer, aeris plurimum,*
	De co fist Salomon tuz les vaissels de airaim el temple e neis le grant lavur que l'um apeled mer d'araim e les columnes e l'altel.	*de quo fecit Salomon mare aeneum et columnas et vasa aenea.*

Nachdem wir auch das Verhältnis der Paralip. zu den LR klargelegt und zu gleichem Ergebnis gekommen, führen wir zum Schluss unseres Vergleiches der LR mit ihren Quellen noch eine Stelle aus **Paulus,** *epistola ad Ebreos* 9 $_4$ an, die das Original für LR S. 2 Note zu I 1 $_3$ bietet.

Paulus Ep. ad Ebr. 9₄
tabernaculum quod dicitur Sancta
Sanctorum,
    aureum habens thuribulum et
arcam testamenti circumtectam ex
omni parte auro, in qua urna
aurea habens manna et virga Aaron, quae fronduerat, et tabulae
testamenti.

LR S. 2 Note
li tabernacles e li sanctuaries
Deu . . . .
c'est l'arche en qui fud repost e
guardez li tresors precius des tables
u Deu meimes escrist la lei, e par-
tie de la manne ki del ciel vint e
le pople . . . . . sustint, e la verge
Aaron, u Deu sa vertud mustrad,
kar en une nuit fuilli e fluri e
fruit portad.

Weitere Belege für den Nachweis, dass der Stil der LR, derjenige
sowohl des Textes selber wie der Noten unter demselben, ein durchaus
freier und originaler ist, würden nach den angeführten überflüssig sein.
Wir können demnach die LR in Hinsicht auf den Stil als
ein Original betrachten und sie als ein solches für grammatische Zwecke verwerten.

Ein vollkommenes Gegenstück zu den LR bilden die anglonormannischen Übersetzungen des Psalters. Die Übersetzer haben sich hier
sklavisch an die Originale gehalten, den lateinischen Text Wort für Wort
übertragend [1]. Nirgends ist bei dieser Übertragung eine Spur näherer
Überlegung zu merken, nirgends ein ernsterer Versuch, unklare Stellen
aufzuklären, sinnlosen Stellen einen Sinn unterzulegen.

Wenige Belege werden zur Bestätigung des Gesagten genügen.
benedicere ist in den lat. Ps. sehr verschieden construirt. Die
franz. Texte geben immer die lat. Construction wörtlich wieder. Benedicere aliquem = beneïr alcun. O u. C 15₇. 33₁₃. 65₇. O 66₆
(C lat. u. frz. Dativ). C 67₂₈ (O lat. u. frz. Dativ). 71₁₃ (O lat. u. frz.
Dativ). benedicere alicui = beneïr a alcun. O u. C 5₁₁. 28₁₀. 64₁₂.
O 27₁₂ (C s. u.). 66₁ (C s. u.). 67₂₈ (C lat. u. frz. Acc.). 71₁₃ (C lat.
u. frz. Acc.). C 66₆ (O lat. u. frz. Acc.) [2].

Ebenso esleecer: esleecer en = laetari, exsultare in O C 9₁₅.
12₆. 20₁. 31₁₁. 32₁ (C al.). 34₁₀. 62₈ (C laudare in). 62₁₀. 63₁₁. 67₅
(C esleecer devant: exsultare coram). 69₅. — esleecer sur Ps. 20₁ O.
Sire, en ta vertu esleecerat li reis e sur ta salut esleecerat fortment:
in virtute laetabitur et super salutare exsultabit vehementer; C. en, en:
in . . . salutabitur et in . . . exsultabit. 34₁₀ O deliterat sur: delecta-
bitur super; C s'esleecerat en: laetabitur in. C 34₂₀ (O (34₂₂) sures-
joent a mei: (34₁₉) supergaudeant mihi) 59₂₂ (C en: in). 29₁ O
deliter sur: super; C (40₁₀) esleecer sur: laetificare super. 40₁₂ O

─── - ─

[1] Der Oxf. Ps. bildet einen selbständigen Text, der Cambr. Ps.
ist eine Interlinearversion. Zeitschr. I S. 568.

[2] Es widerspricht nicht der Wörtlichkeit der Übersetzung, wenn
der lat. Dativ, der ja selbst präpositionslos ist, durch einen Obliquus
ohne Präposition wiedergegeben ist, so: C 66₁ beneïssed nus: benedicat
nobis (O lat. u. frz. Dativ). C 27₉ beneïs la tue heredite: haereditati
(O lat. u. frz. Dativ).

s'esjorrat sur: gaudebit super; C *esleeçat a: insultavit mihi.* — e s l e e -
c e r etc. a. 18_6 O u. C (lat. *ad c. Gerund.*). 34_{22} s. o. 34_{27} O =
34_{22} O, C (34_{25}) *que il ne esleecent par mal a mei: ne insultent mihi.*
34_{20} O *chi s'esleecent a mei mals: qui gratulantur malis meis;* C *en:*
laet. *in.* 40_{10} C s. o. — e s l e e c e r e n c u n t r e 34_{18} O (Vulg. *adversum*). C al. — e s l e e c e r etc. p u r = exsultare propter: $47_{10} \cdot 96_{9}$. —
Abweichend vom Original habe ich die Übersetzung gefunden C 37_{17}
que ne esleecent sur mei: ne forte insultent mihi.

An der Construction von **regarder** ist dieselbe Wörtlichkeit der
Übersetzung wahrzunehmen. So steht danach en = in Ps. O 24_{17} so-
wie Ps. C 24_{11}, ferner O 68_{20}; a = ad C 68_{20}; sur = super O 65_{6};
Accus. = Accus. C 65_{11}.

Andere Belege für die Abhängigkeit der O u. C Ps. von ihren
Originalen würden sich auf jeder Seite finden lassen.[1]) Wegen dieser
Abhängigkeit können natürlich die Psalter nur in sehr bedingter Weise
für sprachliche Untersuchungen verwandt werden. Wirklich belegkräftig
sind daher eigentlich nur die Fälle, in denen der Präpositionalgebrauch
in der Übersetzung von demjenigen im Original abweicht. Von Interesse
kann aber ausserdem noch des Vergleichs mit dem Lateinischen wegen
eine ausführlichere Untersuchung derjenigen Präpositionen sein, deren
Gebrauch in der Übersetzung sich nicht vollkommen mit dem im Originale deckt, wie es bei p a r und p u r der Fall ist, wovon *par* sowohl das
lateinische *per* wie den lat. Ablativ, *pur* sowohl *pro* wie *propter* wieder-
giebt. Gar kein Interesse für eine Präpositionaluntersuchung im Französischen scheint mir dagegen die Präp. e n in den Ps. zu haben, da *en*
stets für lat. *in* steht und *in* stets durch *en* ausgedrückt ist. Wo ich
von dieser Regel eine Ausnahme gefunden, soll diese natürlich in die
Untersuchung gezogen werden. Nach diesen einleitenden Worten können wir zu unserer eigentlichen Aufgabe schreiten.

Es sollen zunächst die Präpositionen **par (parmi)** und **pur** in den
oben angeführten Denkmälern untersucht werden, die Präp. *e n*, vielleicht auch *o d* denke ich nachfolgen zu lassen. Aus B r a habe ich versucht, alle darin vorkommenden Fälle für jene Präpositionen zu citiren,
aus L R alle Fälle für *par* und *pur,* die aus den ersten 20 Capiteln zu
entnehmen sind, sowie ich auch die sonst noch interessanten Fälle aus-
zusondern mich bemüht habe. Den Präpositionalausdruck, den das lat.
Original bietet, habe ich vergleichshalber immer beigefügt. Ist der Präpositionalausdruck im Französischen ein Zusatz der LR, so habe ich dies
durch z, ist der ganze Passus im lat. Original nicht zu finden, so ist
dies durch f angedeutet.

Die Gesichtspunkte, die mich in Betreff des Psalters (der Oxforder

---

[1]) Natürlich kommen auch vereinzelte Fälle vor, wo der franz. Text
vom latein. Original abweicht, so: Ps. O $9_{23} \cdot 24_{10} \cdot 50_{19} \cdot 58_1 \cdot 64_9$.
Ps. C $36_3 \cdot 50_{19} \cdot 58_3 \cdot 58_{13} \cdot 61_5 \cdot 71_{16} \cdot 104_{38} \cdot 142_{15}$, sie sind jedoch
nur als Ausnahmen von der Regel aufzufassen gegenüber den unzähligen
Fällen, in denen die Abhängigkeit der Ps. klar zu Tage tritt.

ist zu Grunde gelegt) leiteten, sind oben bereits angegeben. Besonders eingehend sind die bis Ps. 30 vorkommenden Fälle für *par* und *pur* durchsucht. Ich habe bei allen Belegen zum Vergleich die Ausdrucksweise des *Cambr. Ps.* beigefügt. Das Schema ist folgendes: (Lesart des Ps. O): (der Vulgata); (des Ps, C): (der Versio Hebraica). Manche Belege sind auch dem Ps. C entnommen, wo Ps. O einen abweichenden Ausdruck hat. Solche Fälle sind durch Ps. C besonders angedeutet.

Die Handschriften der von mir untersuchten Texte selber einzusehen, habe ich keine Gelegenheit gehabt, was übrigens, da meine Arbeit mehr der Bedeutungslehre angehört als der Formenlehre, mir auch nicht unbedingt nötig zu sein schien.

Ollerich's Collation der Pariser Hs. der LR (in Schlösser's oben S. 4 u. genannter Diss.) gab mir Gelegenheit, manche Unrichtigkeiten noch zu verbessern.

Bei der Einreihung der Fälle in die einzelnen Kategorien ist natürlich, besonders bei den causalen Verhältnissen, der Subjektivität weiter Spielraum gewährt. Diesem Mangel ist durch häufige Verweisungen auf verwandte Paragraphen einigermassen abzuhelfen versucht worden.

Par.

A. Formales.

Die Form ist unseren Texten stets *par* (*per* Ps. O 8$_8$ ist wohl nur ein Druckfehler).

In **Bra** (L) wird p a r meist ausgeschrieben: 2. 3. 5 (hier steht *por*, welches als ein Schreibfehler zu betrachten ist. Derselbe Schreibfehler findet sich Ps. C 27$_1$ *por aventure*[1]). 6 ? (*Bi.* will (S. 11) des Versmasses wegen *par* streichen, *Wien* S. 30 will dagegen, da alle Hss. *par* hier bieten, anstatt par das vorhergehende *e* getilgt wissen. s. hier § 8). 32. 33. 35. 38. 56. 57. 67. 68. 72. 81. 89. 110. 130. 154. 168. 168. 194. 197. 202. 219. 236. 285. 343. 364. 372. 374. 390. 404. 437. 506. 523. 535. 536. 550. 581. 582. 658. 661. 663. 729. 759. 793. 821. 898. 989. 1030. 1129 (*par cel air*. In L fehlt dem Verse eine Silbe. Wir könnten mit P *parmi* lesen, ziehen aber, da parmi als Präpos. in L sonst nicht vorkommt, die Lesart von Y *par icel air* (s. Wien S. 38) vor. s. parmi.) 1170. 1182. 1186. 1298. 1353. 1357. 1452. 1513. 1523. 1545. 1574. 1643. 1664. 1688. 1730. 1750. 1752. 1814. 1815. 1828. 1830. 1834.

Durch ein unten durchstrichenes p ist p a r wiedergegeben: 379. 493. 497. 529. 692. 716. 759. 783. 785. 1015. 1016 ? (anstatt *par mer* ist hier mit P *mult cler* zu lesen. Der Schreiber ist hier in die vorhergehende Zeile geraten.) 1137. 1211. 1454. 1484. 1518. 1540. 1658. 1720.

In **LR** ist p a r (Ollerich's Collation zufolge) stets ausgeschrieben, ebenso in den Michel'schen Ausgaben der Psalter.

---

[1]) In Ps. C 39$_6$ Hs. A. u. Ps. C 131$_{10}$ finden wir *por* für *pur.*

B. Syntaktisches.

Par als Präposition findet sich ausser vor Substantiven auch vereinzelt vor Adjektiven, besonders zum Ausdruck der Art und Weise: *par tant* LR 61 I 16$_{23}$ s. § 20; *par bel* LR 9 I 2$_{25}$ s. § 26; *par mal* und *par bien* s. § 26; *par mi* s. parmi; vor Pronominen, häufiger, zu erwähnen: *par co* Bra 1182[1]), LR 54 I 15$_9$, 71 I 18$_{17}$, zu § 7. 2) b, 105 I 26$_{19}$, 173 II 15$_6$ zu § 11. *par quei* LR 201 II 21$_3$; *par* mit einem Reflexivpron. s. § 19. *par co que* s. § 20; und Pronominaladverbien: *par ci* LR 356 IV 4$_0$; *par la* LR 127 II 2$_{23}$, 366 IV 6$_9$ s. passer par § 2; *par unt* Bra 168 s. § 7, 2 b. LR 4 I 1$_{15}$, 45 I 14$_4$ s. § 1. 417 IV 20$_9$. Note zu I 6$_{12}$ S. 22. s. § 11 c. LR 304 III 15$_{26}$, Note zu III 4$_{33}$ S. 241, s. bes. § 11 d. β; vor dem Infinitiv, dem reinen: *par noz testes trencher* LR 112 I 29$_4$; *par mesdire* 170 II 14$_{17}$ zu § 11 d. β; dem substantivirten: *par le dormir* LR 4 I 1$_{14}$ zu § 11 d. β. Andere Fälle 43 I 13$_{14}$ zu § 22 Schluss, 185 II 4$_4$ zu § 18.

Par in Verbindung mit anderen Präpositionen oder mit Adverbien (vgl. Rai. Par 11): **par deled** LR 166 II 13$_{31}$ *venir . . . par deled le munt: veniebat per iter devium ex latere montis.* **par entre** LR 213 II 23$_{17}$ *l'ewe que cist unt par entre lur enemis prise e portee: al.* **par entur** LR 301, Paralip. II 14$_{14}$ *pristrent tutes les citez par entur Geraram: per circuitum Gerarae.* **par ultre** LR 81 I 20$_{36}$ *Jonathas traist un altre (sc. saete) par ultre le garchun: jecit . . trans.* **par en sum** LR 250 III 6$_{27}$ *il (sc. dous cherubins) les dous de lur eles, si que l'une tuchad l'altre, par en sum l'arche estendirent: z.* 258 III 8$_7$ *li cherubin estendirent lur eles par en sum l'arche: super locum arcae.*

de par im Sinne von *de part* zur Bezeichnung des Ursprungs und des Veranlassers (vgl. Rai. S. 33, Bu. Bd. II, S. 359) habe ich in meinen Texten nicht gefunden. Bra L. und LR weisen dafür nur *de (la) part* auf. Bra 406. 1256 (wofür P *de par* hat). LR 53 I 15$_4$ (z). 144 II 7$_{17}$ (z). 218 Paralip. I 21$_{19}$ *(de part nostre Seignur: ex nomine Domini)* u. s. w. In LR III Cap. 13 sehen wir drei Mal *in sermone Domini* als Quelle für *de part nostre seignur.* P hat ausser 1256 auch 729 *de par (de par lui ci nos asemblames)*, wofür L, welche Hs. jedenfalls im Besitz des ursprünglicheren Versmasses ist (vgl. Vi. S. 46), einfach *par* zeigt.

Doch findet sich *de par* in LR in anderer Verwendung, nämlich um den Ausgangspunkt aus einem Umkreis (entsprechend § 2) zu bezeichnen. LR 412 IV 19$_{12}$ *Li deu as genz de par la terre: z.* Note zu III 12$_{14}$, S. 281 *sa vitaille de par tute la terre lur fist mener la u*

---

[1]) Bra 1182 *ni dutent rien, par co sevent qu' espleitent bien* giebt, wie es dasteht, keinen Sinn. Der Sinn verlangt *par co que sevent que ...*, was aber eine epische Cäsur ergeben würde, für die ich aber in Bra L. kein Beispiel weiss und auch Bi. S. 18 keins angiebt. Vielleicht hat P *car or* die ursprüngliche Lesart.

.... *(Jeronimus)*. Andererseits ist LR 301, Paralip. II 15₈ *abstulit idola de omni terra* einfach wiedergegeben durch *ostad les ydles par tute la terre.* s. § 3. Eine analoge Bildung ist *de sur* LR 430 IV 23₂₇ *Jo remuerai neis judam de sur mei: a facie mea.*
tres par (vgl. Bu. II, S. 370, Rai, S. 37) LR 113 I 29₁₀ (s. § 5) *tres par matin vus en alez: manc ... cum ... coeperit dilucescere.* Hier dient *tres* blos zur Verstärkung. In anderer Weise ist *tres par* gebraucht = *usque ad* LR 152 II 10₁ *colper les vestures tres par les nages: medias usque ad nates.*

Par in adverbialem Gebrauche dient zur Verstärkung eines Adjektivs, LR 350 IV 2₁₉ *mult par fust bons li surjurs a ceste cited: habitatio civitatis hujus optima est.*

Über par in Zusammensetzungen mit Verben handelt ausführlich Rai. S. 86. Unsere Denkmäler bieten hierfür kaum etwas Interessantes. Sollte Bra 493 vielleicht hierher gehören? *De haltece par vedue.* Doch hat P *de veue.* Ps. O 118₆ ist *perspexero* wörtlich übersetzt mit *par esguarderai.*

C. Begriffsentwicklung.

Par bezeichnet im allgemeinen das Durchdringen. Diese zu Grunde liegende Bedeutung ist selbst in ferner liegenden Übertragungen nicht zu verkennen; auch hier muss das durch *par* bestimmte Wort als Durchgangspunkt für die in Rede stehende Handlung angesehen werden, durch welchen nämlich die Handlung, um zustande oder zum Abschluss zu kommen, ihren Weg nehmen muss.

I. Par bezogen auf den Raum.

1. In dem eigentlichsten Sinne bezeichnet *par* die einen Körper, § 1. einen Raum oder eine Fläche durchdringende oder auch zwischen mehreren Körpern hindurchgehende Bewegung.
Bra 194 *(par mer errez)* 379. 497 *(la brancheie ... s'estent par l'air* (P *en))* 821. 898 *(freidur lur curt par les veines* (P *parmi)).* 1015. 1129 s. par A. 1170 *(del fum(e) chi luign par l'air s'espant* (P al*)).* 1186 *(las* (P *les) meineit vent par destrecce).* 1211. 1357. 1658 (s. parmi) 1688 *(jaspes ... Forment luisent par les listes* (Ränder, Besatz)). 1730. LR 45 I 14₄ *rochiers e derubes ... par unt J. dut venir al ost: per.* 127 II 2₂₉. 152 II 10₄ (s. tres par) u. s. w. 341 Paralip. II 20₂₀ *crrerent par le desert.* Des Lat. wegen *egressi sunt per desertum* hierher zu setzen, und nicht nach § 3. 366 IV 6₆ (sc. *li fers) par cele eve amunt flotad:* z. Ps. 65₁₁. C 105₉ (O *en: in).* C 108₁₇ *le compunt par quer: compunctum corde;* O (108₁₅) *le compunt de cuer:* id. 135₁₆.
Bildliche Bedeutung hat *par* LR 170 I 14₁₉ *tu ne vaiz ne a destre ne a senestre si par la veritet nun:* z.
Häufig wird in der eigentlichen Bedeutung *par* durch *mi* verstärkt. S. parmi. Eine von der unsrigen verschiedene Anschauung herrscht in der Formel *veer, guarder par une fenestre* aus einem Fenster sehen. LR 141 II 6₁₆. 378 IV 9₃₀. Vulg. hat beide Male *per.*

§ 2. Im weiteren Sinne bezeichnet *par* die Verbreitung über einen Raum oder eine Fläche hin. Zu Grunde liegt die Anschauung der Durchkreuzung nach allen Richtungen hin. In dieser Bedeutung steht *par* auch bei Begriffen der Ruhe, insofern diese als das Resultat der Verbreitung über einen Raum oder eine Fläche hin aufgefasst werden können. Im letzteren Falle bezeichnet *par* den Ort, über welchen hin verbreitet, zerstreut, daher oft in welchem ein Gegenstand sich befindet.

a) Nach Verben der Bewegung auf die Frage: wohin?

Bra 1513 *par un rochet sa veie tint.* 1815 *la nuvele vait par pais* (P *el pais*). LR 16 I 3₂₁ (Vulg. al.). 29 I 9₃ *enveiad ... par le munt: (transissent) per montem.* 37 I 11₇ (Vulg. *in*). 44 I 13₁₇ (Vulg. al.) 50 I 11₃₄ *par tut le pople alez: dispergimini in vulgus* u. s. w. 295 III 14₂₃ *planterent par tuz les munz: super.* 336 III 22₁₇ *esparpeilled par cez munz: dispersum in montibus.*

Passer par = passiren. LR 29 I 9₄˙ (Vulg. *transire per*). Ebenso 127 II 2₂₃ u. s. w. 356 IV 4₉ *par ci passad: transit per nos.* 366 IV 6₉ *que par la e la ne passast: ne transeas in locum illum.* Vgl. *ki i passerunt* LR 268 III 9₈ (Vulg. *per eam sc. domum*). — Passer wird auch mit dem blossen Accusativ construirt: LR 42 I 13₇. 188 II 18₂₃ (passad Cusi). In Vulg. steht beide Male *transire* c. Acc. LR 42 I 13₇ *passerent le flum Jurdan la terre Gad: transierunt Jordanem in terram Gad.* — Passer par mi = eindringen in: LR 213 II 23₁₆ s. parmi. Vgl. aler par LR 369 IV 6₂₆ *alad par le mur: transiret per murum.*

S'espandre par = se infundere super, diffundi per: LR 92 I 28₂₇. 398 Paralip. II 28₁₆. S. ferner LR 376 IV 9₁₅ *ki la nuvele ... espande en Israel: nuntiet in.*

Par terre auf die Erde, gleichsam über die Erde hin. LR 185 II 18₃ *chieced par terre: z (ceciderit).* 318 III 18₄₂ *se mist par terre e sa face entre ses genuilz: pronus in terram posuit faciem.* Vgl. a terre LR 150 II 9₀, 341 Paralip. II 20₁₆ (in *terram*), Note zu I 7₆ S. 24. Vgl. § 3 Schluss.

§ 3. b) Bei Begriffen des Verweilens auf die Frage: wo?

Bra 35 *tres mil suz lui par divers leus Munies aveit Brandan.* 390 *cers par ces landes* (P *parmi*). 550 *par occean* (P *par la mer*). 1452 *cest* (sc. *drap*) *dum me lie Par la buche* (P *devant ma bouce*). LR 16 I 4₁₃ *par la cite:* al. 34 I 10₁₂ *par la terre: z.* In Vulg. findet sich hier gewöhnlich in, so: LR 18 I 5₆, 19 I 5₁₂, 42 I 13₃, 106 I 27₁, 238 III 4₁₃ u. s. w. *Per* als Vorlage für *par* zeigen: 47 I 14₁₅, 143 II 7₇ u. s. w., auch 19 I 5₉ (wo per singulas civitates im vorigen Satze steht). Über LR 301 Paralip. II 15₈. wo in LR dem Präpositionalausdruck eine andere Auffassung zu Grunde liegt als in Vulg. (*par = de*) siehe Syntactisches, de par. Ähnlich LR 244 III 5₁₃ *fist elire par la terre ... humes: elegit de.* Von weiteren Fällen will ich nur noch erwähnen: LR 259 III 8₁₀ *une nieule*

levad par cel temple: nebula implevit domum Domini. 872 IV 7$_{12}$
si se sunt enbuschez par cez camps: latitant in agris. S. auch besonders
LR 267 III 8 nach Vers 66. *un altre porche i fist . . une riche maisun
refist . . un palais refist . . E par tutes ces ovres furent faites les maiseres
de riche piere e grosse:* f.

Par terre auf der Erde (vgl. § 2 Schluss) LR 241 III 4$_{33}$ *ysope,
ki creist par terre e bas:* al. — Vgl. a terre LR 17 I 5$_3$ *(a denz se giseit a
terre: jacebat pronus in terra).* 17 I 5$_4$. — Par tut überall, fast immer
in zwei Wörtern. Bra 978. 1750. LR 4 I 1$_{20}$. 18 I 5$_{14}$. 35 I 10$_{19}$.
48 I 14$_{21}$. 52 I 14$_{52}$. 116 I 30$_{10}$ u. s. w. 227 III 2$_3$ ist *partut* zu-
sammen geschrieben.

Par steht häufig zur Bezeichnung von Wegen, Pfaden, auf denen   § 4.
d. h. durch welche hindurch oder über welche hin man geht oder Jemand
fährt. Auch die lat. Texte zeigen meist *per.*

Bra 1664 *curent tut a dreit curs Par le chemin que lur est surs.*
In LR ist *par* = Vulg. *per* 44 I 13$_{18}$ *li uns* (sc. *cunrei*) *curut encuntre la veie Effraim . . . li altres par la veie de Beteron: pergebat
contra viam-ingrediebatur per viam.* 135 II 4$_7$. 188 II 18$_{23}$ *(par
sentes e adrecemenz: per viam),* 287 III 13$_9$, $_{10}$. 288 III 13$_{17}$ u. s. w.
Par nicht zurückgehend auf lat. *per* LR 289 III 13$_{28}$ *par cel chemin
tant errad:* al. — Ps. 8$_{11}$ *chi vunt per les sentes de la mer: perambu-
lant semitas;* C al. Vgl. C 22$_3$ *par: per* (O hat *sur: super*), C 106$_7$
par: per (O hat *en: in* c. Acc.).

Andere Constructionen: Über die Verwendung von *en* s. d. —
A ist verwandt LR 4 I 1$_{17}$ (Vulg.: al.). *Sur,* C 22$_3$ gebraucht, ist
wörtliche Übersetzung von *super.* — Den blossen Accusativ finden
wir in gleicher Beziehung LR 388 IV 11$_{19}$ *vindrent le chemin de la
porte as escuiers jesque al palais: venerunt per viam portae scutarorium
in palatium.* 288 III 13$_{17}$ *que par le chemin que jo vinc ne returnasse:
nec reverteris per viam qua ieris.*

II. Par übertragen auf die Zeit   § 5.

bezeichnet das Sicherstrecken einer Thätigkeit oder Handlung durch, über
einen Zeitraum hin. Dieser wird gewöhnlich ganz von der Handlung
ausgefüllt.

Bra 81 *(Cil li mustrad par plusurs diz Beals ensamples).* 219. 322.
404. 785 *(par mult lunc tens).* — LR 63 I 17$_{16}$ (Vulg.: abl.). 97 I
25$_6$ (Vulg.: f.). 277 III 11$_{16}$ (Vulg.: abl.) u. s. w. LR Note zu I 18$_{14}$
S. 44. Ps. O 6$_6$, 7$_{12}$ *par: per.* In C steht beide Male der blosse Accusativ entsprechend dem im lat. Original sich findenden Ablativ. 89$_{10}$
*li jur de noz anz en els-medesmes, par setante ans: dies annorum nostro-
rum in ipsis septuaginta anni; setante an:* id. 94$_9$ *par quarante ans:*
abl.; acc.: abl. — LR 117 I 30$_{24}$ s. parmi. — Sich verbreiten über
einen Zeitraum: LR Note zu II 22$_{11}$ S. 206 *la renumee de lui s'espandi
par tut le secle hastivement.* — Par *fiedes* bisweilen LR Note zu I 19$_{24}$
S. 76 (Auctoritas). Ps. 77$_{15}$ *(par quantes fiedes: quotie(n)s* sowohl O

wie C). Vgl. ohne *par: alcune fiede* = *quando*. Ps. O 7$_2$ (C al.), Ps.
O u. C 12$_4$; *set feiedes (feiz)* Ps. O u. C 118$_{164}$ *(septies in die)*.
Häufiger steht in dieser Beziehung der blosse Accusativ, so:
Bra 379. 897. 1539. 1663. LR 25 I 7$_{13}$. 33 I 10$_8$. 52 I 14$_{52}$. 54 I 15$_{11}$.
73 I 18$_{29}$. 100 I 25$_{28}$ u. s. w. Ps. 22$_8$. 26$_7$ (= C 26$_3$), in welchen
Fällen das lat. Original den blossen Abl. bietet; dann noch LR 36 I 11$_3$.
Noten zu I 1$_3$ S. 2, I 1$_{16}$ S. 4, I 2$_{35}$ S. 10 u. s. w. — Sonst wird
noch in gleicher Beziehung *en* (s. d.) und auch *a* gebraucht. LR 438
IV 25$_{30}$ *a tut sun vivant: per singulos dies omnibus diebus vitae suae.*
Note zu I 25$_{11}$ S. 97 *soleient faire festival cunvivie al tundre de lur
berbiz* (Auctoritas).

Einige Fälle finden sich, wo der Zeitraum nicht von der Handlung
ausgefüllt ist, sondern wo diese blos in einen Zeitraum fällt. LR 113
I 29$_{10}$ *tres par matin vus en alez: consurge mane . . . et pergite.*
Ebenso 127 II 2$_{27}$. 354 IV 8$_{22}$.'

§ 6. **Im multiplikativen Sinne** bezeichnet *par* die Wiederholung von
Zeiträumen. Im Deutschen bedient man sich zu diesem Zwecke gewöhnlich adverbieller Ausdrücke, und zwar der Endung —*s* (*Morgens, Tags,
Nachts*), wenn man auf die Beschaffenheit, Art und Weise der Zeit Gewicht legen will (Morgens im Gegensatz zu Abends u. s. w.), dagegen
der Endung —*lich* (*täglich, jährlich*), wenn man auf die regelmässige
Wiederholung der Zeiträume sieht (täglich = jeden Tag). Beide Be-
deutungen hat *par*, da in beiden Fällen es sich um das Durchlaufen
einer Reihe von sich wiederholenden Zeitgattungen handelt.

1) Bra 1353 *par lundi.* LR 98 I 25$_6$ *par nuit e par jur: tam in
nocte quam in die.* Ps. 1$_2$ *par jurn,e par nuit: die ac nocte;* id.: id.
Vgl. weiter Ps. 16$_4$. 21$_2$. 31$_4$. 41$_3$ u. s. w., wo die lat. Originale den
Abl. oder *per* bieten. C 77$_{14}$ *par jurn e tute nuit: per diem, tota
nocte:* O al. C 87$_1$ *par jurn criai e par nuit: per diem clamavi et
nocte;* O hat *en jur, en nuit: in die, nocte.* — *Par matin* in der Bedeutung von „morgens" LR 211 II 23$_4$ *quant li soleilz lieved par matin:
oriente sole, mane;* auch wol Ps. O 138$_8$ (C *en la jurnee: diluculo*)
und 118$_{148}$ (C al.), hat jedoch meist den Sinn von „früh" (lat. *mane,
diluculo*), so Ps. 56$_{11}$. 89$_{16}$. 107$_2$. 142$_8$ (C al. *main: mane*). So übersetzt auch Luther. Ps. 56$_{11}$ lautet z. B. *je leverai par matin.*

2) LR 171 II 14$_{26}$ *une feiz par an: semel in anno.* 270 III 9$_{25}$
treis feiz par an: tribus vicibus per annos singulos. 243 III 5$_{11}$ *dunad, par an, al rei: per singulos annos.* Ps. 12$_2$ *par jur: per diem;*
id.: id. Lu. *täglich.*

Vgl. *chascun jur* LR 239 III 4$_{22}$ *(per dies singulos).* Ps. O 41$_3$
(quotidie); tute jur Ps. C 41$_{3.10}$. Ps. O C 24$_5$ (lat. stets *tota die*). —
par sengles jurz Ps. O 41$_{16}$. 144$_2$ (lat. beide Male *per singulos dies*).

III. Übertragen auf causale, instrumentale, modale
Verhältnisse

bezeichnet **par** die Person oder Sache, durch welche hindurch eine Handlung zur Vollendung ihren Weg nehmen muss, im weiteren Sinn, die
Person oder Sache, welche in irgend einer Weise dazu beiträgt, die

Handlung zur Vollenduug zu bringen. So bezieht sich *par* auf den Vermittler, das Mittel und Werkzeug, den Urheber, die Ursache und den Grund. Bei der scharfen Sonderung der Kategorien, die ich im Folgenden versucht habe, ist die Einordnung der Fälle in eine bestimmte Kategorie oft sehr schwer, oft gar unmöglich, da viele Fälle eine mehrfache Auffassung zulassen. Der Subjektivität ist hier notwendigerweise viel Spielraum gelassen, und die individuelle Auffassungsweise muss häufig entscheiden. Durch zahlreiche Verweisungen ist diesem Übelstande ein wenig abzuhelfen versucht worden.

1. Par zur Bezeichnung des Vermittlers.

Ich unterscheide formell streng Vermittler (in der Gestalt einer §7. Person oder Sache) von dem Mittel und Werkzeug (in der Gestalt einer Person oder Sache). Der Vermittler wird (wie die Ursache) als selber in die Handlung eingreifend vorgestellt, das Mittel und Werkzeug nur als dienendes Glied für das handelnde Subjekt. So weit Ursache und Mittel auseinander liegen, so eng berühren sich oft Ursache und Vermittler.

Man kann zwei Arten von Vermittlungen unterscheiden:

1) wo die Vermittlung im Dienste des logischen Subjects sich vollzieht;

2) wo die Vermittlung in der Hülfeleistung zum Zustandekommen einer Handlung besteht.

In den Belegen zu 1) lässt sich der Vermittler auch stets als Mittel und Werkzeug, dessen sich das logische Subject bedient, in den Belegen zu 2) oft auch als Veranlasser der Handlung auffassen. Vgl. daher die §§ 10. 13. 16—18.

1) Der Vermittler ist:

a) eine Person

in Ausdrücken, wie: *mander, parler, cumander* u. a. *par.* LR 9 1 2_{27}. 40 I 12$_{14}$. 109 I 28$_6$. 110 I 28$_{15.17}$. 406 IV 18$_6$. 414 IV 19$_{23}$. 432 IV 24$_2$. Note zu I 13$_{14}$ S. 43. Vulg. zeigt *per, in manu, per manum.* — Siehe weiter Bra 72 *iço dunt lui pris est desir Voldrat Brandans par Deu sentir,* indem er sich (der Vermittlung) Gottes bediente. P hat hier jedoch *pur.* LR 46 I 14$_6$ *legierement pout Deu par poi cume par multz faire salvatiun: in wultis vel in paucis.* 74 I 19$_5$ *Deu fist . . . salud par lui:* z. 103 I 26$_4$ *par ses espies enquist:* al. u. s. w. Bemerkenswert: LR 144 II 7$_{14}$ *je l' chastierai par ses enemis: arguam eum in virga virorum.* 426 IV 23$_5$ *les devinurs par deable:* z. — LR Note zu II 22$_{12}$ S. 206 *par ces qui . . . ovred a sa volented . . . si cume il fist par Nabugodonosor par ki il traveillad les Jueus* (Cassiodor. super psalt.). S. auch Ps. 77$_{54}$ *enveiemenz par mals angeles:* (77$_{49}$) *per; de:* Genitiv. — LR 7 I 2$_9$ *nul par sei force n'aurad: in fortitudine sua.*

b) eine Sache (vgl. § 11).

Ich unterscheide formell zwischen vermittelnder Sache und Mittel oder Werkzeug (§ 11). Die vermittelnde Sache muss, um vermitteln zu können, noch etwas Selbständiges bewahrt haben, muss, gleichsam personifizirt, selbst handelnd gedacht werden köunen. Die ver- mittelnde Sache ist selber noch aktiv, das Mittel rein passiv. Dieser Unterschied ist oft nur ein Unterschied der Auffassungsweise. So lassen sich in den folgenden Fällen die von *par* bestimmten Begriffe wol auch als reine Mittel auffassen, sobald von der Aktivität abgesehen wird. LR 109 I 28$_7$ *que (Saul) par sun (sc. la sorciere) devinement seust: per illam.* 110 I 28$_{15}$ *respuns faire ne par sunge ne par pruveire: neque in manu prophetarum neque per somnia.* 210 II 23$_2$ *Li Seinz Esperit e li fiz Deu unt parled par ma lenge: per me.* 234 III 3$_5$ *nostre Sires aparut par sunge a Salomun: per somnium.* 273 III 10$_{19}$ *runz fud li siedz . . . e paz cez degrez bien halt de terre levez:* f. 286 III 13$_3$ *par cez enseignes . . . nostre Sires sun dit averrad:* al. 424 IV 23$_{13}$ *si cume par cel livre l'out cumanded:* al. — LR Noten zu II 22$_{10}$ S. 206 (li diables) *fait oscurs les curages par pecchied.* Ähnlich in der Note zu II 22$_{12}$ S. 206.

2) Der Vermittler ist:

a) eine Person (vgl. auch Urheber § 13a, 14 und Ursache (Veranlasser) § 16. 17).

Bra 197 *ço que par Deu le abes purvit.* 437 *vent out par Deu.* Ebenso 783. 1518 *par Deu fud sun nun savant.* 1834 *(par lui* sc. *Deu)* — Saveir par. 110 *saurat par eols si . . .* 158 *vait s'en Brandans vers le grant mer U sout par Deu que dout entrer.* — LR 33 I 10$_{10}$ *par le Seint-Esperit entr'els prophetizad: z.* 291 III 14$_2$ *ki out reveled par nostre Seignur a Jeroboam que . . . : z.*

b) eine Sache (vgl. auch §§ 17. 18. 20).

Hier steht die vermittelnde Sache näher der Ursache als dem Mittel und Werkzeug. Fälle, die zugleich als Mittel und als Ursache aufgefasst werden können, passen jedenfalls in diese Rubrik (z. B. LR Note zu I 28$_{20}$ S. 111).

Bra 57 *mais par peccet Adam forfist.* 168 *un port Par un (O unt) la mer receit un gort* (einen Fluss?). 1030 *par le spirit Deu mult sunt savant.* 1545 *me cuilit par sa bunted.* — LR 51 I 14$_{11}$ *par vostre grace les seintefiez: z.* Ähnlich Note zu LR II 22$_0$ S. 206. 54 I 15$_0$ *que par ço plus parust sa victorie* (Auctoritas): f. 71 I 18$_{17}$ *que par ceo David a mort s'abandunast* (Jeronimus): f. 74 I 19$_5$ *par le dun Deu venquid:* al. 148 II 8$_{16}$ s. § 13a. 316 III 18$_{23}$ *si que par main de humme ne descendist;* f. 320 III 19$_8$ *par cele viande quarante jurs . . . errad: in fortitudine cibi illius.* 425 IV 22$_{17}$ *me curucierent e attarierent par males overes: irritantes me in cunctis operibus.* Ähnlich 430 IV 23$_{26}$. Ps. C 105$_{15}$. 228 III 2$_9$ *que en enfern descende par occisiun* s. § 11 d. *β.* — LR Note zu I 28$_{20}$ S. 111. *Samuel ne relevad pas par destrezce ne par la force del enchantement* (Augustinus). S. noch Note zu II 23$_1$ S. 210. Ps. C 48$_9$ *vivrat par vie:* abl.; O al. (vgl. § 11 Schluss). Ps. O 61$_4$ *par lur buche benediseient e par lur cuer mal diseient:* abl. abl.; *par lur buche, dedenz; ore suo: intrinsecus.* 82$_{11}$ *par hereditet pursedums le saintuarie:* abl.; f. 94$_9$ *folient par cuer:* abl.; id.: id. Ps. C 142$_{15}$ *par ta misericorde destruiras mes anemis: in;* O.

(142 $_{12}$) *en: in.* — *Par* in Beziehungen zu Adjektiven. Bra 529 *fels par superbe (P. plain de).* LR 6 I 2 $_3$ *par glorie male parole: vetera.* LR Note zu II 22 $_{12}$ S. 206 *tenebrus e oscurs par iniquited e felenie* (Cass. sup. psalt.). Ps. 44 $_9$ *beals par forme:* abl.; ähnlich. C 54 $_{12}$ *uns par cucr od mei: unanimis meus;* O (54 $_{11}$ al.) Lu: Du bist eins mit mir vermittels des Herzens. C 63 $_{10}$ *dreiturel par quer:* abl.; O *dreiturier de:* abl. C 75 $_5$ *orguillus par quer:* abl.; O *nunsavant de cuer: insapientes corde.* 102 $_{20}$ *poanz par vertud:* abl.; *fort par fortece:* abl. C 146 $_3$ *granz . . . c mulz par fortece:* abl.; O al. — Par aventure s. § 26.

„Als ein die Thätigkeit vermittelndes Glied erscheinen auch die mit *par* eingeführten Gegenstände und Begriffe, an denen etwas erkannt, wodurch etwas erfahren und gewusst wird." Rai. S. 23. LR 160 II 12 $_{10}$ *li reis s'aperchut que li enfes fud morz par le semblant que li serjant firent:* al. LR 10 I 2 $_{34}$ *par ces enseignes* (sc. wirst du erkennen): *Hoc autem tibi erit signum* (Einen blos scheinbar ähnlichen Fall s. § 24). *Pur enseignes* hat ganz anderen Sinn, s. pur § 7.

Eine Art Vermittlung bezeichnet *par* auch bei Schwüren, Beteuerungen, Anrufungen. Vgl. Rai. S. 24. **§ 8.**

Bra 5 *por (st. par?) les armes Henri lu rei (E) par le cunseil qui ert en tei.* Vgl. Formales. — Jurer *par:* LR 96 I 24 $_{22}$ (Vulg. *in*); LR 116 I 30 $_{15}$. 191 II 19 $_7$ u. s. w. (Vulg. *per*). Ps. C 101 $_8$ *jurer par: per;* O *envers: adversum.* LR 155 II 11 $_{11}$ *par la salvete de tei, bel sire, ne l' frai pas: per.* 170 II 14 $_{19}$ *par la tue salud, tu ne vaiz . . . : per.* — Vgl. auch *par ta (vostre), merci, grace.* LR 264 III 8 $_{49}$. 51 I 14 $_{41}$ s. § 17. Auch *pur* dient zum Ausdrucke der gleichen Beziehung (s. pur § 11 Schluss).

Zur Vermittlung dient *par* auch, wenn es die Stelle des lat. *Abl.* **§ 9.** *mensurae* oder *differentiae* einnimmt. LR 417 IV 20 $_9$ *Vols tu . . que jo face l'umbre del soleil en cest oriloge dis degrez chalt pas munter u si cume el est descendue en l'oriloge par dis degrez returner? vis ut ascendat umbra decem lineis* — *ut revertatur totidem gradibus?* Wir sehen in demselben Satze in gleicher Beziehung auch den blossen Accusativ verwandt.

2. Das Mittel und Werkzeug

kann bestehen

1) in einer Person. So lassen sämmtliche Fälle aus § 7 1) a. **§ 10.** auch die Auffassung des M. und W, zu und können daher auch hierher gesetzt werden.

2) in einer Sache (vgl. § 7 1 b, auch § 7 2 b). **§ 11.** Und zwar direkt gehandhabt kann das M. und W. vorstellen:

a) einen Körperteil (deutsch gewöhnlich „mit"). Bra 658 *drechet lui sus cil par la main* (hebt ihn mit der Hand auf). — LR 261 III 8 $_{24}$ *tu as par buche parle, e par mains e en ovre asumed: z, manibus perfecisti.* In den Ps. häufig. Im Lat. steht entweder der Abl. oder per: Ps. O C 23 $_4$. 34 $_{22}$ ($_{20}$). 46 $_1$. 59 $_5$. 61 $_4$. 62 $_6$.

O 5₁₁. 13₃. 15₄. 21₇. 49₁₇. C 31₉ u. s. w. Parler par langue: Ps. O C 108₂. — In gleicher Beziehung ist gebraucht: *od.* Bra 1012 *od l'ungles* (P *a ses ongles*). Ps. 34₁₉ *ot lur denz:* abl.; (34₁₇) id.: id. s. ferner 38₁₆. 43₁. 48₁. 83₈. 90₈ u. a., wo das Lat. den Abl. zeigt. — a. Bra 939 und 949 *a denz* — *de.* Ps. 90₄ *de ses espaldes enumberra a tei: scapulis suis obumbravit tibi; en: in.*

Redewendungen wie „*Jemand am Arm, an der Hand u. s. w. ergreifen, festhalten, führen*" liegt im Deutschen eine örtliche Auffassung zu Grunde, im Franz. eine instrumentale, wo dann der betr. Körperteil als Mittel zur Ausführung der Thätigkeit angesehen wird. Das Latein. nimmt den Teil, an dem Jem. ergriffen u. s. w. wird, als das eigentliche Objekt, das ergriffen u. s. w. wird, und fügt die Person, an welcher sich derselbe befindet, als gen. poss. an.

Bra 661 *(prendre par la destre).* 692 *(duire par la main).* LR 65 I 17₃₅ *par la joue les pris: apprehendebam mentum eorum.* Vgl. noch LR 126 I 2₁₆. 186 II 18₉ *(aerst par la tresce).* 198 II 20₁₀. 358 IV 4₂₇. Ähnlich ist LR 56 I 15₂₇ *Saul le retint par le mantel: apprehendit summitatem pallii ejus.*

b) einen von einem Körperteil gelenkten Gegenstand.

LR 67 I 17₄₇ *par espee ne par lance ne fait Deus salvete: in gladio, in hasta.* 368 IV 6₂₂ *ne s' as pas pris par force ne par voz armes: gladio et arcu tuo.* — Andere Präpositionen sind hier gebräuchlicher. *de* LR 74 I 19₁₀ *(ferir de la lance:* abl.). 349 IV 2₁₁ *ferid en l'eve de cel mantel: pallio.* ib. *ferid del mantel Helye al flum: z.* Ps. 90₅ *d'escut avirunerat tei la veritet:* abl.; al. — *a* LR 19 I 5₉.· 89 I 23₅ *a glaive.* — *od* LR 211 II 23₇ *od furche e od fer:* al.

Indirekt gehandhabt kann das Mittel vorstellen

c) ein anderes Concret.

Bra 793 *Deus les succurt par orage.* LR 4 I 1₁₃ *ne vin ne el par unt l'um se poisse enivrer:* al. — *Esmerer par fu.* LR 208 II 22₃₁. Ps. O 11₇. 16₄. 65₉. O C 17₃₃ (₃₀)· *Provet par argent.* Ps. O 67₃₃ (C al.). Dagegen *pruver de* Ps. C 11₆. 65₈. Das Lat. hat immer den Abl. — LR 61 I 17₄ *sis alnes mesurees par le cute en avant e plain dur out de halt: altitudinis sex cubitorum et palmi.* 130 II 3₁₄ *sa femme . . . qu'il out cunquise par les chiefs de cenz Philistiens: quam despondi mihi centum praeputiis.* 251 (Original wo? Vulg. III 6, Paralip. II 3. 4.) *l'um muntad del un en l'autre tut par degrez:* Vulg. f. 298 Paralip. II 13₉ *par un tor e set multuns receive ordenement:* al. Ähnlich Note zu III 13₃₂ S. 290. — 368 IV 6₂₂ s. unter b. — *Par unt* LR 417 IV 20₉ *uns oriloges par unt l'um veeit cume l'ure del jur veneit:* f. Note zu I 6₁₂ S. 22 *la . . cruiz par unt eimes rechate.* — S. noch Ps. C 43₇. 106₂₃·

d) ein Abstract.

α) eine von einem Körperteil hervorgebrachte Handlung (besonders Bethätigung der fünf Sinne).

Bra 1137 *Cum s'aparçout par sun reguard* (P *en*). — LR 7 I 2₁₃₋₁₅· *Par pri, par force, les dames violerent:* al. Vgl. *a force* Bra 1475 (unklare Stelle). — *Par parole(s)* LR 74 I 19₉ (Vulg.: abl.). 81

I 20 $_{3\,4}$ (z.) 94 I 24 $_8$ (Vulg. abl.). 428 IV 23 $_{1\,7}$ (Vulg. al.). Note zu
II 22 $_9$ S. 206. Ps. O 108 $_2$ (Vulg. abl. Ps. C 108 $_4$ de: a). Ps. 141 $_1$
par la meie voiz a nostre Segnor criai, par la meie voiz le Segnor depreiai: voce mea, voce mea; o d ma ruiz reclamai al Seignur, p a r ma
ruiz depreiai le Seignur: voce mea, voce mea. S. noch par ma voiz =
lat. Abl. Ps. O C 3 $_1$. Ps. O 26 $_{1\,2}$ (Vulg. 26 $_7$) — vgl. od ma voiz.
Ps. O C 76 $_1$. Ps. C. 141 $_1$ a voiz Bra 1037. 1481.

β) ein anderes Abstract.

Hier giebt es eine Unzahl von Fällen, so LR 2 I 1 $_3$ s. § 13 b.
7 I 2 $_{14.\,15}$. 9 I 2 $_{25}$. 12 I 3 $_{14}$. 35 I 10 $_{20}$. 65 I 17 $_{39}$. 77 I 20 $_3$. 110 I
28 $_{15}$ s. § 7 1 b. 170 II 14 $_{17}$ (ki par losenge ne par mesdire ne poz
estre desturned del dreit): 220 III 1 $_4$. 233 III 3 $_1$ se aliad par amur e
par priveted a Pharaun: affinitate). 246 (Original wo? Vulg. III 6, Paralip. II 3) (ces treis estages par treble entravure devisad (Beda)). Note
zu III 4 $_{33}$ S. 241. Wo in diesen Fällen das Subst. mit par aufs Lat.
zurückgeht, findet sich hier der Abl. Anders LR 144 II 7 $_{14}$ je l' chastierai . . . par enfermetez: arguam eum . . . in plagis filiorum. Par
= in, s. noch 271 III 10 $_1$. — 228 III 2 $_9$ bien saveras que tu li fras, si
que en enfern descende par occisiun: deduces canos ejus cum sanguine
ad inferos. Das logische Subject, das sich der occisiun bedient, ist tu
„so dass er von dir in die Hölle hinabgestürzt wird vermittels eines
Mords“. Dieser Fall kann auch der vermittelnden Sache § 7 2 b. zuge-
wiesen werden. Doch der Fälle genug. S. u. a. noch LR Note zu I 1 $_{11}$
S. 3, zu I 1 $_{20}$ S. 5. Ps. 36 $_{30}$. Ps. C 33 $_3$. 38 $_8$. 38 $_{13}$. Ps. O 49 $_{24}$. 50 $_{13}$
(par esperit principel conferme mei: abl.; de: abl.). Par = per Ps. C
118 $_{03}$. — Par in instrumentalem Sinne mit dem Infinitiv s. Syntaktisches.
LR 112 I 29 $_4$ cument purrad il a sun seignur plasir mielz que par noz
testes trencher?: placare dominum suum nisi in capitibus nostris. —
Eigentümlich sind Wendungen wie haïr par haine, creindre par crieme
u. s. w. Ps. 24 $_{20}$. 131 $_{17}$ $_{(16)}$. 138 $_{21}$ $_{(24)}$. Ps. O 34 $_{19}$. Ps. C 52 $_5$. Ähnlich LR 304 III 15 $_{20}$ le pecchied par unt il fist pecchier: peccatis ejus,
quibus peccare fecit. Das Lat. ist stets das Vorbild hierfür. Vgl. Ps.
48 $_9$ § 7 2 b. — Par engin s. §§ 24 u. 26.

Auf S. 162 in LR II 12 $_{31}$ findet sich: E fist prendre le pople de
la cited . . . E si l' fist par tutes les citez. Da das lat. Original: sic
fecit universis civitatibus bietet, so wäre man geneigt, diese Stelle zu
übersetzen: „Und so machte er es mit allen Städten“; in welchem Falle
wir par wol in instrumentaler Verwendung vor uns hätten. Jedoch ist
hier die Beziehung wol rein örtlich zu fassen. So machte er es in den
Städten. S. § 3. Vgl. faire a LR Note zu I 11 $_2$ S. 86, s. hier S. 7 —
faire od = f. cum Ps. 118 $_{124}$.

Instrumental ist par in der Redensart: Jemand bei seinem Namen §12.
nennen. Bra 1720 tuz les numet par lur nun dreit. S. ferner LR 150
II 9 $_6$ (Vulg. al.). Ps. C 146 $_4$. — Anders ist der Sinn Ps. C 48 $_{11}$ apelerent par lur nums lur terres: vocaverunt nominibus suis terras suas
benannten m i t, n a c h ihren Namen. O hat apelerent lur nums en lur
terres. — Hieraus erklärt sich auch die Formel: „par num“, zu ergänzen
numed oder apeled. LR 162 II 13 $_1$ Amon par num: z. 340 Paralip.

II 19₂ (z.) 397 Paralip. II 28₉ (*nomine*). LR Note zu I 17₁₂ S. 62
u. s. w. Eine andere Ausdrucksweise in LR 424 IV 22₁₄ *Oldan out
num.* Vgl. ferner *pur num.* Pur § 7 Schluss.

3. Der Urheber

§ 13. steht in passivischen Sätzen. Identisch mit dem grammatischen
Subject des entsprechenden aktiven Satzes ist er in dem passivischen
Satze das logische Subject, von welchem die Thätigkeit ausgeht, um sich
hier auf das grammatische Subject (das Object im entsprechenden aktiven
Satze) hin zu erstrecken. Dementsprechend bedienen sich viele Sprachen
zum Ausdruck des Urhebers der Präposition, welche den Ausgangspunkt
der Handlung bezeichnet (das Deutsche gebraucht *von*, das Lat. *ab*, das
Italien. *da*, das Prov. *de*, das Franz. *de*, das Span. *de*). Seit dem ersten
Jahrhundert des Mittelalters gesellt sich aber im Lat. dem *ab* bereits
per bei (s. Diez Gramm. III per 7) und in den romanischen Sprachen
wird *de* bei Handlungen übersinnlicher Natur, *par* bei solchen sinnlicher
Natur verwandt. In letzterem Falle wird also nicht daran gedacht, dass
die Handlung von dem Urheber ausgeht, sondern dass der Urheber die
Person ist, durch deren Hände oder die Sache, durch deren Wirkungs-
kreis die Handlung ihren Weg nimmt.

a) Urheber als Person (vgl. Vermittler § 7, 2 a).

Bra 202 *par Deu ert bien sustentez* (So L u. O, P hat *de Deu*).
S. weitere Fälle LR 94 I 24₇, ebenso I 24₁₁ (Vulg. al.). 148 II 8₁₀
par lui e par sun esguard furent escrites e recheues les leis (Auctoritas): f.
173 II 15₃ (Vulg. *a*). 208 II 22₃₀ (Vulg. *in*). Noten zu LR 1 1₂ S. 2,
zu III 4₃₃ S. 241. LR 246 Paralip. II 3₁.

b) Der Urheber als Sache.

Bra 374 *un[t] pruuet tut asout Par miracles* haben einen Beweis,
bewirkt durch Wunder? s. Wien S. 26, Vi. S. 22. LR 25 I 7₁₃ *par
ceste descunfiture furent humiliez li Philistien:* z. 57 I 15₂₉ *ne par
repentance flechiz ne serrad: poenitudine non flectetur.* 413 IV 19₁₈
uverez par main de humme: opera manuum hominum. S. ferner Ps. O
32₁₆ (Vulg. per). Ps. C 38₄ (Vers. Hebr. abl.). — Auch als Ursache
(in Folge von s. § 18) sind aufzufassen LR 48 I 14₂₇ *la veue li amendad
ki trublee li iert par la grant chalur, par le juine e par l'estur* (Auctoritas): f. 49 I 14₂₉ *la veue m'est amendee par cel poi de miel: eo quod
— als Mittel (§ 11 d. β) as jurs asis e par la lei establiz: statutis diebus.*
Vgl. *de* bei Personen Bra 1294 *venduz de* (P hat *par*). LR 124 II 2₅
beneit de (Vulg. *a*). Ps. C 40₁₁ *aidiet de* (Vers. Hebr. *a*). Hierher gehört wol auch: LR 206 II 22₁₄ *de la clarted . . . sunt alumez cil: prae
fulgore . . . succensi sunt.* — Vgl. *per* im Latein. (Vulg. I 14₃₀) *si per
Jonatham filium meum factum est* übersetzt mit: *si Jon. mun fiz l'ait
fait* LR S. 50.

§ 14. Lag schon in diesen Fällen öfters die Auffassung des Substantivs
mit *par* als Ursache (Veranlassung) ziemlich nahe, so tritt dieselbe
noch mehr hervor bei Verben, welche ein Passiv vertreten oder passivi-

sehen Sinn haben. Ich möchte diesen Fall als den des **indirekten Urhebers** bezeichnen.

Bra 2. 3 s. § 16. 581 *ast vus venant de Deu fedeil Par qui asen* (Wien S. 23 *asens*) *unt cest avei* (Zurüstung). 716 *lur enseignet . . . De qui par qui succurs sunt* (das *De qui* ist mir nicht verständlich). P hat *socors i ont.* 1454 *alques par cest (sc. drap) ai de guarant.* — Bra 1484 s. § 18 Schluss. — LR 97 I 25₇ *ne perdirent rien par nus:* z. 133 II 3₃₃ *si cume solent chaïr li bon par les fiz de iniquited:* f. 133 II 3₃₇ *morz n'i fud Abner par le rei: non actum fuisset a rege ut occideretur Abner.* 186 II 18₈ *perirent par: quos saltus consumpserat.* S. noch 263 III 8₄₅. Note zu III 13₃₃ S. 290. Ps. 63₆.

4. Ursache und Grund.

Ursache ist, objektiv, eine wirkende Kraft, die eine Handlung aus sich erzeugt. § 15.

Grund ist, subjektiv, stets das Erzeugnis der Erwägung des menschlichen Geistes.

Und zwar gehört der Grund entweder dem Gedankengange des **Erzählenden** oder des **Handelnden** (des logischen Subjekts) an. Im ersteren Falle setzt der Erzählende eine Sache in der Weise in Beziehung zu einer anderen, dass er die Existenz dieser als durch jene bedingt betrachtet. Daher wird hier der Grund sofort zur **Ursache**, sobald man von der subjektiven Anschauungsweise des Erzählenden absieht (Präp. meist „durch"). Im zweiten Falle ist die Erwägung einer Sache seitens des Handelnden (des logischen Subjekts) die Triebfeder für sein Handeln (Präp. meist „wegen"). Die erste Art des Grundes nenne ich **objektiven Grund**, die zweite **subjektiven Grund**.

Zu dem objektiven Grunde gehört auch der **Beweggrund** (Präp. meist „aus"). Denn hier gehört der Grund nicht der Erwägung des Handelnden, sondern dem Gedankengange des Erzählenden an. Der Erzählende setzt hier einen Seelenzustand in der Weise in Beziehung zu einer Handlung, dass er diese als durch jenen bedingt, aus ihm hervorgehend betrachtet.

1) Die **Ursache** kann vorstellen

a) eine **Person**, insofern diese die **Veranlassung** giebt zu einer Handlung. So würde auch der indirekte Urheber (§ 14) hierher gerechnet werden können, desgleichen oft der Vermittler (§ 7, 2 a). § 16.

Bra 2. 3 *Donna Aaliz la reine Par qui valdrat lei divine, Par qui creistrat lei de terre.* 89 *par sun abeth e sun parin En mer se mist.* 729 (s. Syntactisches, de par). 535 *quant ico par nus ne fud* (der Sinn schwer verständlich: „da es durch unsere Schuld nicht geschah" oder „da wir aus freien Stücken es nicht thaten [?]). 1574 *par qui co fud bien ert sire.* — LR 59 I 16₁₄ *li mals esperiz le travaillad par nostre Seignur: a domino.* 148 II 8₁₆ s. § 13 a. 301 Paralip. II 15₁ *par le Saint Esperit vint.* — LR 50 I 14₃₃ *par ki cest pecchie est avenuz: per quem accidérit.* 56 I 15₃₃ *pecchiez ki est par deable:* f. — Vgl. de par Syntaktisches.

§ 17.   Die Person, welche den Veranlasser oder den Vermittler darstellt, wird gern umschrieben: *par (la) vertud (de):* Bra 364. 536. 1814. 1830. LR Note zu II 22₁₉ S. 206 (*par ki vertud*). Doch auch *p u r la vertud* kommt vor Bra 1620, wo P ebenfalls par bietet. — *par la volented* LR 104 I 26₁₉. 182 II 14₁₄ (Vulg.: *domini nutu*). 223 III 1₂₇ s. § 18 u. s. w. — *par grace* Bra 989. LR 51 I 14₄₁ s. § 7 2 b. LR Note zu II 22₉ S. 206 (*par sa grace*). LR 264 III 8₄₉ (*par ta merci.* vgl. §§ 24. 25). — *par la pitied de* LR 3 I 1₁₁. — *par l'otreid* Bra 1643, vgl. § 24. — *par la force* LR 319 III 18₄₀ (*par la force e la volented nostre Seignur*). 341 Paralip. II 20₉₉ *si avint par la force nostre S.* (Vulg. al.). — *par art de.* Bra 33 *par art de lui mult i vindrent.*

§ 18.   b) e i n e S a c h e (Ursache im engeren Sinne). Vgl. §§ 17, 7 2 b, 13 b, 24.

Der Unterschied zwischen U r s a c h e und (objektivem) G r u n d ist meist nur ein logischer, ein Unterschied der Auffassungsweise. Doch giebt es auch hier Fälle, wo die Deutung als Ursache (in Folge von, auf Veranlassung von, von, her, letzteres Ursprung) näher liegt. Solche Fälle mögen hier folgen. Bra 582 *par sun dun unt le cunrei.* 1540 s. § 24. — LR 18 I 5₈ *par li* (sc. *l'arche*) *nus est avenu cest mal* (Auctoritas): f. 21 I 6₉ *si nun venud nus est* (sc. *cest flael*) *par aventure, par corruptiun de nature:* f. LR 48 I 14₉₇ und 49 I 14₉₉ s. § 13 b. LR 135 II 4₁ *clops en devint par le chaïr: z.* 310 III 17₁ s. § 25. 369 IV 6₉₀ *par ceste cuvenance meimes mun fiz a quire: coximus ergo;* „in Folge dieser Übereinkunft", daher auch „auf Grund", „nach", „gemäss" vgl. § 25. 211 II 23₄ *si cume l'erbe surt bele de terre par rusees e par pluies: pluviis germinat herba.* 228 III 1₉₇ *est co par ta volented e par tun cumandement:* al. 354 IV 3₉₉ *si parut l'eve par le soleil ruge* (Josephus): f. A u f B e f e h l u. s. w. Bra 372 *que il eirent par Deu cumant.* 663 *par sun seigne.* LR 223 III 1₉₇ s. o. S. ferner 51 I 14₄₃. 156 II 11₁₆. 170 II 14₁₉ (überall hier im Latein. ohne Vorbild). 318 III 18₃₆ s. § 25. 284 III 12₉₄ *fait est par ma dispositiun: a me.* LR 430 *par le cumandement* vgl. Paralip. II 25₉₀. Ps. 118₉₁ *par le tuen ordenement parsevered li jurz: ordinatione tua: par tun jugement: judicio tuo.* Ähnlich Bra 1484 *ne aurat turment Plus que ad oud par jugement.* Ps. 32₆ *par la parole del Segnur li ciel sunt ferme: verbo;* id.: id. In Bra Hs. A. finden wir auch *p u r sun cumant.* s. pur § 11 b.

§ 19.   P a r i n V e r b i n d u n g m i t e i n e m R e f l e x i v p r o n o m e n (vgl. Rai S. 21) dient zur Hervorhebung eines Satzteils, meist des Subjekts, und bezeichnet, dass die Handlung, bezw. der Zustand, sich speziell auf diesen Satzteil bezieht, sich auf denselben beschränkt, bezw. dass die Handlung oder der Zustand von selbst und aus eigener Kraft zur Vollendung kommt. Aufzufassen ist dieser Fall in der Weise, dass der betr. Satzteil sich selber zum Vermittler, Veranlasser oder zur Ursache der Handlung bezw. des Zustandes hat. Zu übersetzen mit: was — anbelangt, von selbst, aus eigener Kraft.

Bra 759 (*li fous*) *par lui emprent, par lui esteint,* von selbst. 1528 *cil [les] ad tuz numez par sei.* Dieser hat sie alle einzeln genannt.

(Wien S. 56). Hierher gehört wol auch Bra 68 *icil felun qui par orguil Ici prennent par eols escuil.* Vgl. Bra 297 (pur § 3 Schluss). — LR 43 I 13$_{12}$ *par mei ai fait mun sacrefise:* z. aus eigenem Antrieb. 286 III 13$_3$ *la cendre ki amunt est par sei aval charrad:* z., von selbst. 316 III 18$_{24}$ *requiergent lur deus que lur busche par sei facent alumer:* f., von selbst. ib. *par sei esprendre e esbraser:* f., von selbst. 381 IV 10$_9$ *si jo par mei sul ai fait cunjureisun: ego.* — Den Fall LR 7 I 2$_9$ *nul par sei force n'aurad* s. § 7 1 a.

2) **Ursache und Grund** (objektiver Gr.). Vgl. besonders § 7 2 b, § 18. S. auch pur § 15.   § 20.

Folgende Fälle sind je nach der Anschauungsweise als Fälle der Ursache oder des objektiven Grundes zu fassen und je nachdem mit „in Folge" oder „durch" zu übersetzen.

Bra 1545 s. § 7 2 b. — LR 10 I 2$_{23}$ *que les oilz lur defaillent par plur* (Jeronimus): z. 19 I 5$_9$ *purrisseient, par l'ire Deu, lur detries:* z. 61 I 16$_{23}$ *devant le rei harpout, e par tant li mals asuajout:* z. 414 IV 19$_{22}$ *les oilz par orguil levez:* z. (vgl. §§ 24. 26). — Ps. C 64$_{12}$ *tes estraces esforcerunt par creisse: vestigia tua rorabunt pinguedine:* O al. C 104$_{33}$ *eslecad sei Egipte, cum il (li Juifs) eississent fors, pur ce que curust par ire la crieme d'icels sur els: irruerat timor eorum super eos;* O f. Ps. O 105$_{37}$ *iriez est par fuirur li Sire en sun pople:* (105$_{40}$) *furore;* C al. — *Par co que,* noch selten gebraucht. Dem modernen *parce que* entspricht im afr. *pur co que* (s. d.). Während das moderne *parce que* den subjektiven Grund angiebt, bezeichnet das afr. *par co que* in den beiden Fällen, die ich in LR gefunden, den objektiven Grund, die Ursache. LR 135 II 4$_4$ *par co qu'ele se hastad, li enfes chaïd: cum festinaret.* 279 III 11$_{28}$ *muntez fud en balded e en ferte par co que li reis le out fait pur sa prueise maistre recevur.* — Weitere Fälle s. besonders § 22 Schluss.

Schon dem Beweggrunde nahe stehen folgende Fälle, wo wir im Deutschen daher auch „vor", „aus" gebrauchen.

Bra 154 *plurent trestuit par grant dehait* (P *a mult tres grant deshait*). — LR 32 I 10$_2$ *par deduit a fosses saillir les verras:* f. 172 II 15$_2$ *par custume matin veneit:* z.

Über *pur* zur Bezeichnung des objektiven Grundes s. pur § 15.

Der **Beweggrund** (Präp. aus) (vgl. § 15 Schluss, § 20 Schluss, ferner pur § 16) besteht gewöhnlich in Gemützuständen, besonders Gemütsbewegungen.   § 21.

Bra 523 *par superbe que revelat Vers sun seignur mar se levat* nach Wien S. 34. L verderbt. 1298 *me tuai par marage.* — LR 31 I 9$_{23. 24}$ *Le mes real que il out par purveance cumande que . . : de industria.* 75 I 19$_{17}$ *par pour le fis:* z. 263 III 8$_{16}$ *par curuz: iratus.* LR Note zu I 1$_{20}$ S. 5 *li fiz Deu, par grace a li s'accumpagna.* — Ps. C 58$_{13}$ *deguaste par forsenerie: consume in furore;* O unklar. — Vgl. pur § 16. de LR 362 IV 5$_7$ *de curuz sa vesture descirad:* z. Ähnlich 411 IV 8$_{37}$ *(de anguisse):* z.

3) **Subjektiver Grund** (vgl. pur § 14).   § 22.

Das logische Subjekt, dessen Erwägung der Grund angehört, braucht nicht stets ausgedrückt zu sein. Es muss oft hinzugedacht und zu dem

Zwecke selbst nicht selten erst construirt werden (z. B. er wurde wegen eines Verbrechens bestraft — von den Richtern. Sie fielen wegen ihres Stolzes — Gott liess sie fallen wegen u. s. w.). Fälle, die als solche des subjektiven Grundes zu deuten sind. Bra 38 *de lui prenanz tuz ensample Par sa vertud.* 285 *par cez mesters* s. über diese Stelle Wien S. 33. 343 *par quel raisun Gettes mci fors.* 506 *diço la sent* (= l'assent?) *par ses vertuz Sa priere.* — LR 93 I 23₂₈ *par ceste acheisun apelerent cel lieu la pierre departante: propter hoc.* 214 Il 23₂₃ *il pot bien par vasselage estre anumbrez od les treis forz Abisai: z.* 283 III 12₁₆ *Deu le veie que co que nus partum de David . . . est par le forfait e la defalte de ses heirs* (Jeronimus): f. — LR Note zu I 28₂₀ S. 111 *li fel Judeu a mort le (sc. nostre Seignur) mist e par sa lange crucifiad* (Augustinus). Wegen seiner Zunge, Sprache? Note zu II 22₁₂ S. 206 *il l'aveient descrvid par lur pechied* (Cass. super psalt.). (Als logisches Subjekt ist hier gewissermassen die Gerechtigkeit zu nehmen. Die G. verlangte es wegen ihrer Sünde). — Ps. C 103₁₀ *il fist la lune par tens: per tempora;* O. *cn: in tempora.* Lu. Du machst den Mond, das Jahr darnach zu teilen.

Fälle, die sowol als solche des subjektiven Grundes wie des objektiven (der Ursache) zu deuten sind.

Bra 67 *icil felun qui par orguil Ici prennent par eols escuil* (P *par lor voil*) wegen ihres Hochmuts und durch ihren H. (in Folge ihres H.). 1828 *li plusurs dels ensaintirent Par la vertud qu'en lui virent.* — LR 8 I 2₁₇ *par lur (sc. des fiz Hely.) furfait li poples del service se retraist: al.* 43 I 13₈ *Samuel n'i vint pas, e Saul set jurs l'atendi, e par le demurer li poples s'en parti: z.* Note zu I 1₉₀ S. 5 *ore est (sc. la synagoge) baraigne, par mescreance dum ele forsvead.*

5. Par zum Ausdruck anderer Beziehungen.

§ 23.   Par in distributiver Gebrauchsweise lässt sich auf instrumentale Anschauung zurückführen.

LR 35 I 10₁₉ *partissez vus par vos lignages: state coram Domino per tribus vestras.* 168 II 18₄ *l'ost eissid par centeines e par milliers: egrediebaturque populus per turmas suas centeni et milleni.* 317 III 18₃₃ *le boef par pieces devisad: per membra.*

Meist auf causale Anschauungsweisen sind noch zurückzuführen:

§ 24.   Par zum Ausdrucke des begleitenden Umstandes.

Bra 1540 *ca m'en vinc par Deu asens.* 1648 *par l'otreid del rei divin Or aprismant unt le calin.* — LR 43 I 13₁₂ *par bone entente en ceste guise, par mei ai fait mun sacrefise: al.* Ähnlich 349 IV 2₁₄. Note zu III 13₃₂ S. 290. — 55 I 15₂₀ *Saul respundi par podnee; z.* Ähnlich 377 IV 9₂₂. Vgl. 6 I 2₃ *parler en podnee: loqui sublimia.* 148 II 8₁₆ s. § 13 a. 198 II 20₈ ₁₀ *Joab, par engin e par felenie se enbrunchad* (Josephus): al. Vgl. § 26. 264 III 8₄₉ s. § 25. 324 III 20₁₀ *si li mandad par desdein que . . : z.* 413 IV 19₂₁ *ad . . . le chief crodled cume par manace: z.* 414 IV 19₂₂ s. § 20. 415 IV 19₂₉ *si avendrad e par cez enseignes: hoc erit signum.* 423 IV 22₇ *ne fust pas liverez li argent par cunte: al.* — Ps. C 49₂ *de Sion par parfite bealtet Deus aparut:* abl.; O al.

Par nul im Sinne von **ohne.** Bra 236 *tuit li frere par nul des-deign* ... *Pener pourent* ohne Scheu (P hat *sans nul d.*)

Par zum Ausdruck der Gemässheit und des Masses: Praep. im § 25.
Deutschen gewöhnlich „nach“.

Bra 56 u. *il deureit par dreit setheir.* 130 *prium Deu que nus en seint Par sun plaisir la nus en meint* nach seinem Vergnügen. — LR 244 III 5₁₄ *del mairein que cil abatirent e apresterent par lur enseignement:* f. (Original wo?) 264 III 8₄₀ *tu orras, par ta merci, lur requeste del ciel:* z. bei deiner Gnade (vgl. § 17. 24). 310 III 17₁ *rusee ne pluie ne charrad en terre si par ma parole nun: nisi juxta oris mei verba* (vgl. § 18). 318 III 18₃₆ *par tun cumandement ai tut ço fait: juxta praeceptum tuum.* 369 IV 6₂₉ *par ceste cuvenance* auf Grund, gemäss, nach; aber auch in Folge, s. § 18. — LR Note zu I 1₂₀ S. 5 *la synagoge, par la lei, plusurs engendrad.* zu I 28₄₀ S. 111 *Deus par sun secrei ordenement suffrid que* .. — Ps. 7₄ *si je rendi as gueredunanz a mei males choses dechiede par desserte* (nach Verdienst?) *de mes enemis vains: decidam merito ab inimicis meis inanis;* al.: al. — *Par la volented* s. § 17 kann auch „nach dem Willen“ heissen und würde dann hierher gehören. Vgl. *a* LR Note zu II 22₁₉ S. 206 *ovred a sa volented.* — **Par numbre** LR 31 I 9₂₂ *i out trente par numbre:* z. 3 90 IV 12₁ *si l'* (sc. cel aveir) *liverouent par numbre: dabant eam juxta numerum.*

Die allgemeinste Verwendung von **par** ist die **zum Ausdruck der** § 26.
Art und Weise.

Bra 32 *puis fud abes par force esliz* (mit Gewalt?) LR 9 I 2₈₅ *par bel les reprist e par amur, nient par destresce ne par reddur:* f. 21 I 6₈ *les furmes d'or que par acorde a Deu dunez: quae exolvistis.* Ps. O 67₁₂. **Par tel cuvent:** 36 I 11₂ *(in hoc).* 287 III 13₇. 55 I 15₂₀ s. § 24. 345 IV 1₁₀ *par gaberie:* f. (zum Spott). 414 IV 19₂₂ s. § 20. **Par engin** (LR 198 II 20₈ ₁₀ s. § 24). LR 250 III. Zwischen 6₃₅ und 6₃₀ *tut fud ... par engin uvred* (Josephus?): f. 383 IV 10₁₉ *le faiseit par engin: insidiose.* — LR 76 I 19₂₄ *l'um solt dire par respit:* al. Nach Art eines Sprichworts. — **Par bien** in guter Absicht. LR 228 III 2₁₃ (z); — **par mal** in böser Absicht, im bösen. LR 51 I 14₄₅. 86 I 22₈. 95 I 24₁₄. 104 I 26₁₁ u. s. w. Vgl. *en bien.* — **Par aventure** = forte. LR 20 I 6₅. 29 I 9₅.₆. 80 I 20₂₆ u. s. w. 203 II 21₁₇ *par mesaventure.* Ps. O 78₁₀. 118₉₂. Ps. O C 90₁₂.

Fälle in Ps., die wegen der sklavischen Übersetzung des Ablativs durch *par* die Einreihung schwierig machen, sind Ps. O 44₅ (= C 44₃) 47₂. — Unklar ist auch Bra 1752.

Parmi findet sich in den Ausgaben der LR und Ps. stets in zwei Wörtern geschrieben. — In *Bra* zeigt sich *parmi* nur als selbständige Bildung. 1658 *e par mi unt [i]* (Bi. S. 9) *grant chemin.* Selbständig gebraucht ist es auch *LR* 263 III 3₂₅ *l'enfant par mi partez: in duas partes.* In *Bra L* treffen wir sonst *parmi* nicht mehr an. Über L 1129 s. par, Formales. Wenn in Bra 390 und 898 L *par* und P *parmi* zeigt, so wird man *par* als die ursprüngliche Präposition anzusehen haben, die der Copist der Veränderung des Versmasses wegen (vgl. Vi. S. 44) mit *parmi* zu vertauschen genötigt war.

Parmi ist fast nur in der eigentlichen Redeutung *per medium* gebräuchlich.

Bra 1129 *par [mi] cel air tant halt volent.* — Ferir par mi 70 I 18₁₁ *(configere).* 74 I 19₁₀ *(configere).* 103 I 26₈ *(perfodere).* 127 II 2₃₃ *(percussit in inguine);* LR 187 II 18₁₄ *dunad par mi le cors: infixit in corde.* 213 II 23₁₆ *passerent par mi l'ost: irruperunt castra.* 246 III 6₅ *chascuns des trefs par mi le mur passad:* ragte hinaus über? Ebenso 247 o. 377 IV 9₂₄ *li darz passad par mi le quer: egressa est sagitta per cor ejus.*

Temporal (während) ist *par mi* wol aufzufassen. LR 117 I 30₂₄ *par mi le fest partirunt ces ki . . : z.*

Pur.

A. Formales.

In **Bra** (L) finden wir die Präposition *pur* häufiger ausgeschrieben als durch eine Ligatur (pᵈ) ausgedrückt. Letzteres ist der Fall 28. 44. 45. 58. 117. 218. 244. 332. 627. 629. 757. 808. 813. 904. 921. 975. 1005. 1050. 1051. 1268. 1316. 1352. 1424. In LR ist Ollerich's Collation zu Folge *pur* immer ausgeschrieben mit Ausnahme von S. 8 I 2₂₀ und 16 I 4₁₂, wo nach Oll. p̄ in der Handschrift steht. Da unsere Denkmäler diese Präp. durchgehend mit *u* geschrieben zeigen, so ist auch *por* Ps. C 39₆, Hs. A und Ps. C 131₁₀ als Schreibfehler zu betrachten. (Ps. C 39₆ Hs. B hat *pur*). Por anstatt par s. par Formales.

B. Syntaktisches.

Hier ist nicht viel zu bemerken. *Pur* steht ausser vor Substantiven besonders vor Pronominen: *pur co, pur ço que, pur quei,* s. pur Schluss; dann sehr gern in Verbindung mit einem Infinitiv, s. §§ 3 Schluss, 9.

C. Begriffsentwicklung.

§ 1.   I. Die eigentliche Bedeutung des lateinischen *pro*, die örtliche (*pro rostris*) lässt sich im Französischen wol schwerlich nachweisen.

II. Aus der örtlichen Bedeutung des lat. *pro* (πρό) = „vor" hat sich die übertragene „zum Besten", „zu Gunsten" ergeben: *„pro patria pugnamus* d. h. gleichsam vor dem Vaterlande stehend kämpfen, wie πρὸ πατρίδος μαλεσθαι. Daher im Gegensatz zu *contra* von dem, was nützlich ist." *Kühner* § 95 S. 375. Diese auf das Ethische übertragene Bedeutung ist in das Französische übergegangen.

§ 2.   Zunächst also bezeichnet *pur* die Person oder Sache, zu deren **Vorteil** eine Handlung geschieht: „zu Gunsten" (vgl. auch § 11).

Bra 28 *guerpit . . . Les fals honurs pur iceals veirs Dras de moine.*
722 *tuit guerpit pur [i]cest leu.* 1074 *pur tut le mund(e) faiz ne fust
il.* 1584 *venist cunreid pur sul mun cors.* — LR 28 I 8_{20} *pur nus tuz
se cumbaterad: pro.* 108 I 28_2 *que jo . . . frai pur tei: z.* 145 II 7_{23}
*tun pople Israel pur ki alas pur rachater le: gens, propter quam ivit
u. s. w.* 266 III 8_{05} *la feste que li reis tint . . . pur le dediement . . . .
pur la feste Salceie* (Josephus): f. — Ps. C 43_4 *cumande pur les saluz
Jacob: praecipe pro salutibus:* O al. — Prier pur sehr häufig, so:
Bra 43. 45. 339. 813 (Bra 297 s. § 3 Schluss). LR 9 I 2_{25}. 10 I 2_{36}.
24 I 7_5. 25 I 7_8. 26 I 7_9. 40 I 12_{10}. 41 I 12_{23}. Im Latein. überall
pro. 160 II 12_{16} *requist pur: pro.* — *Parler pur* 172 II 14_{33} u. s. w.
Ps. 31_7 *pur iceste (sc. la felunie de mun pecchet) orerad a tei chescuns
sainz: pro;* id.: id. für diese d. h. für deren Vergebung. Ps. C 71_{15}
urrunt pur: orabunt de; O *aorerunt de.* — *Pur amur de* s. § 16 Schluss.

Der Gedanke an den Vorteil, den die durch *pur* bestimmte Person § 8.
oder Sache durch die Handlung erlangt, tritt zurück. Dann bezeichnet
pur blos, dass eine gewisse mehr oder weniger vorteilhafte, ja bisweilen
auch nachteilige Beziehung zwischen der Handlung und der durch *pur*
bestimmten Person oder Sache besteht, ja ganz allgemein, dass der Inhalt des Satzes Geltung hat nur für das durch *pur* bestimmte Wort,
d. h. sich hierauf beschränkt: für = in Betreff.

Bra 122 *pur eols ne seit demurance.* 485 *duter pur (P se douter
de)* s. § 12 a. 750 *ai tut le men Pur (le) super.* 757 *ne pur larsun
que cist fous fait Cire ne oile le plus nen vait(?)* (P hat *par larsure*).
916 *pur grant turment plus ne stuveit* für grosse Qual war mehr nicht
nötig (?). 1660 *se fient en lur hoste Pur la nue.* — LR 5 I 1_{27} s. pur
IV Schluss. LR 17 I 4_{21} *redist pur l'evesche e pur sun mari* wieder-
holte es in Betreff des Bischofs. Vulg. *pro, pro.* 23 I 6_{18} *les altres
citez e les viles . . . (sc. dunerent) une suriz d'or pur tute la terre:* al.
87 I 22_{10} *prist cunseil de nostre Seignur pur lui: consuluit pro eo dominum.* Ebenso I $22_{13.15}$. — Ps. 37_{10} *penserai pur mun pechiet: co-
gitabo pro.* C s. § 12 a. Lu. sorge für. Ps. O 118_{53} *defisement tint
mei pur les peccheurs: defectio tenuit me pro péccatoribus;* C al. Lu.
ich bin entbrannt über die Gottlosen. C 140_5 *uncore la meie oreisuns
pur les malices d'els: oratio mea pro malitiis eorum;* (140_7) *uncore
nedes la meie oreisun es bien ploudes choses: in beneplacitis.*

Bra 297 *prier Deu checun pur sci* (P hat *par*). *Pur* wird hier
kaum als auf *prier* bezüglich angesehen werden können (vgl. § 2). Vielmehr wird man *checun pur sei* als eine besondere Redensart zu fassen
haben: „Jeder in Betreff seiner", wie ja auch in P *cascun par
soi* eine solche ist. Vgl. par § 19.

Pur mit dem Infinitiv = in Betreff. Meist drückt hier *pur
mit d. Inf.* den Inhalt des Vorhergehenden aus. LR 9 I 2_{29} *plus
honures tea fiz que mei, pur prendre e despendre del sacrefise li mielz
avant de co que j'ai otried: ut comederitis,* indem ihr asset. 129 II 3_8
*tu as enquis mal vers mei pur mei arguer pur une femme: requisisti
in me quod argueres pro muliere hodie.* 235 III 3_{11} *sens as demande
pur dreiture faire: ad c. Gerund.* 237 III 3_{28} *la sapience nostre Seignur*

fud en li pur jugemenz faire: sapientiam D. esse in eo ad faciendum judicium. 280 III 11₃₃ *n'ad pas tenud mes veies e mes cumandemenz pur faire justise e dreiture:* ut faceret. 332 III 21₂₂ *as pesmement uvered pur mei attarier:* egisti ut. (Vgl. auch § 9).

III. Sehr gebräuchlich ist *pur* zum Ausdruck der verschiedenen Beziehungen der **Vertretung** (vgl. auch § 13). Diese auch aus dem Lat. herübergenommene Bedeutung lässt sich ebenfalls aus der ursprünglichen örtlichen Bedeutung erklären, indem eine Person oder Sache vor eine andere tretend und deren Stelle einnehmend gedacht wird. *Kühner* § 95 (vgl. griech.: δοῦλος πρὸ δεσπότου ib. S. ferner *Mätzner* § 142. 4).

§ 4.   1) Stellvertretung im eigentlichen Sinne: anstatt.

LR 8 I 2₂₀ *ura que Deus lur rendist enfanz plusurs en prosprete pur cel enfant qu'il li ourent dune:* pro (wo *pur* mehr den Austausch bezeiqhnet). 72 I 18₂₇ *fist . . al rei dous cenz (sc. chiefs) pur cent anumbrer:* z. (anstatt der hundert, die ihm blos aufgetragen waren zu bringen). 178 II 16₈ u. s. w. Ps. 44₁₆. Häufig ist *regner pur: regn. pro.* LR 224 III 1₃₅ und öfters.

Bei den Verben des **Kaufens** und ähnlichen besteht die Stellvertretung in der Form eines Austausches oder der Vermietung (s. bereits o. LR 8 I 2₂₀, ferner auch LR 330 III 21₆). LR 6 I 2₅ *se sunt pur pain luez:* pro. 219 II 24₂₄ *achatad dunc la place . . . pur sis cenz sicles de or e les bues pur cinquante sicles de argent:* argenti siclis quinquaginta. 331 III 21₁₅ *ki ne la (la vigne) te volt otreier ne par eschange ne pur aveir:* dare accepta pecunia. 370 IV 7₁ *l'um vendrat . . . pur dis deniers:* statere uno erit. Vgl. 373 IV 7₁₆ wo *pur* fehlt. *l'um vendi le mui de flur dis deniers:* statere uno erunt.

§ 5.   2) Vergeltung (vgl. § 13).

Bei manchen der hier citirten Fälle liegt auch schon causale Auffassung nahe, so LR 71 I 18₉₁. 168 II 14₇. 378 IV 9₂₆.

LR 20 I 6₈ *co que devez pur vostre pecchie bonement rendez:* pro. 71 I 18₃₁ *pur dous choses serras mis gendres, l'une pur co que oceis le geant, l'altre, si tu poz mes enemis encuntrer:* in duabus rebus gener meus eris hodie. Das Übrige hat das Franz. aus *Isidorus* entlehnt. 99 I 25₂₁ *me rent mal pur bien:* pro. 168 II 14₇ *demandent mun fiz qu'il l'ocient pur sun frere qu'il ad mort:* pro anima fratris. 179 II 16₁₂ *faire bien pur ceste maleicun de ui:* reddat bonum pro maledictione. 378 IV 9₂₆ *co li freit en cest champ pur le sanc Naboth:* pro (vgl. § 11 b). S. ferner Ps. 34₁₄. 108₄. 115₃ *quel chose regueredurrai je a nostre Segnor pur tutes les choses:* pro; *rendrai pur:* pro. — Zum Ersatz für: LR 398, Paralip. II 28₁₅ *viande lur dunerent, uindre de uignemenz pur lur grant travail:* propter laborem. Ps. 89₁₇ *esledeceames pur les jurz es quels tu nus humilias, es ans es quels veimes mals:* laetati sumus pro diebus quibus nos humiliasti, annis quibus vidimus mala; *esleece nus pur les jurz esquels tu turmentas nus e pur les anz:* laetifica nos pro . . . et annis. Zur Sühne für: Ps. 39₁₀ *sacrifise e pur pecchet ne requisis:* (39₇) holocaustum et pro peccato non postulasti; id.: id. Lu.: Du willst weder Brandopfer noch Sündopfer.

3) **Gleichstellung** bei den Verben „(gewöhnlich fälschlich) halten für“, „ansehen für“, „haben zu“. **§ 6.** **Tenir pur** fälschlich halten für. Bra 816. LR 4 I 1₁₆. 164 II 13₁₃ (Im Lat. *reputare, esse quasi*). — tenir pur hat dagegen einen anderen Sinn (vgl. § 7) LR 298 Paralip. II 13₈ und 882 IV 10₁₉, wo *tenir pur deus, pur seignur* „zu Göttern, zum Herrn haben“ bedeutet. (Im Lat. andere Constructionen). — Bra 1050 *pur mult fols les asinat.* LR 3 I 1₁₃ *pur ivre l'enterçad: aestimavit eam temulentam.* 213 II 23₂₁ *un huem ke l'um dut bien pur merveille esguarder: virum dignum spectaculo.* 382 III 21₂₀ *as me tu truved pur tun enemi: num invenisti me inimicum tibi.* — *aveir pur neient: pro nihilo habere* Ps. O 89₅. 105₂₃; — gerechnet werden für = gelten für. LR 185 II 18₃ *tu suls puz estre acuntez pur dis milie: pro decem millibus computaris.* **Pur veir.** Der Sinn ist: es ist für Wahrheit zu nehmen. Meist Zusatz von LR, 30 I 9₁₃. 237 III 3₂₇ und öfter. LR 361 IV 5₃ findet sich im Lat. dafür *profecto*, 275 III 11₈ *certissime.* Vgl. § 18 Schluss.

Die **Grundbegriffe** von *pur*, nämlich die der Begünstigung, abgeflachter der Rücksicht auf etwas („zu Gunsten“, „mit Rücksicht auf“) und andererseits der Vertretung („anstatt“) liegen auch den **finalen** und **causalen** Beziehungen zu Grunde.

IV. **Pur** zum Ausdruck **finaler** Beziehungen.

1. Mit der Idee der **Vertretung** verbindet sich häufig die Idee **§ 7.** der **Bestimmung**, namentlich in der Wendung: „dienen zu etwas“ *estre pur.* **Tenir pur** in der Bedeutung „haben“ zu ist uns bereits § 6 begegnet.

Estre pur: LR 98 I 25₁₆ *pur mur e pur guarantise nus furent: pro muro erant nobis.* — *Estre pur pere, pur fiz = esse in patrem, in filium.* LR 144 II 7₁₄. — LR 219 II 24₂₃ *les jugs des boes pren pur busche pur faire sacrefise: in usum lignorum.* — Vgl. *estre a, aveir a, duner a* LR 71 I 18₂₁. 229 III 2₁₇. 239 III 4₁₃. Bei der Construction von *a* ist die Idee der Vertretung bereits ganz aufgegeben, kaum mehr erkennbar aber auch bisweilen bei *pur:* LR Note zu I 4₁ S. 14 *ço est la pierre que Samuel altre feiz pur enseignes leva* (Auctoritas). Note zu LR I 7₆ S. 24 *(ewe espandirent) Pur enseignes que* . . . (Isidor). Vgl. *a enseignes* LR 32 I 10₁ *(hoc tibi signum).* — *Par enseignes* mit verschiedener Grundanschauung s. par § 7 Schluss.

Hier anzureihen **pur num** = zum Namen habend: LR 71 I 18₁₇ *sa einznee fille, Merob pur num: z.* Vgl. *par num*, par § 12.

2. Mit der Idee der **Rücksicht auf** eine Sache verbindet sich **§ 8.** leicht diejenige des **Zwecks**. Übrigens berührt sich die Idee des Zwecks leicht mit der des (subjektiven) Grundes. Vgl. daher auch §§ 11 b, 14. LR 53 I 15₃ *pur aguait des suens enbuschad: al.* 61 I 17₁ *s'asemblerent pur bataille: congregantes agmina sua in praelium.* Note zu I 1₈ S. 2 *ourent li plusur muillers plusurs, pur le multiplîement del pople Deu.* Zu II 22₁₂ *nostre Sires uverout par lui envers les Jueus, si cume pere merciables, pitusement, pur lur chastiement.*

Besonders häufig steht *pur*, um den Zweck, bezw. das Ziel auszudrücken, nach den **Verben der Bewegung** *aler, venir*, sowie *enveier.*

LR 21 I 6₁₂ *muianz pur lur veels alerent: in directum vaccae.*
So: *aler pur ewe* 30 I 9₁₁ *(ad. c. Ger.), pur uns festivals sacrefises*
78 I 20₆ (Satz mit *quia*) (vgl. § 11 b), *pur l'arche* 140 II 6₁₂ (z), *pur*
Michee 336 III 22₁₃ *(ut vocaret M.j* — *Venir pur lui* d. h. um ihn
zu fangen 103 I 26₃ *(post se)* u. s. w. Siehe noch 172 II 14₃₂ *pur nient*
(vergebens) *sui venuz: quare veni.* 325 III 20₁₈ *viengent pur pais e*
pur bataille: sive pro pace . . . sive ut praelientur. 311 III 17₁₁ *fud*
esmue pur l'ewe: pergeret ut afferret. — *Enveier pur alcun* schicken
nach (nicht zu) Jemandem LR 81 I 20₃₁ (z), 163 II 13₇ *(mittere ad),*
315 III 18₂₀ *(congregare)* u. s. w. Charakteristisch ist LR 323 III 20₇
il enveiad a mei pur mes femmes e pur mun or e pur mun argent:
misit ad me pro uxoribus meis et filiis et pro argento et auro. A bezeichnet also blos die Richtung auf etwas hin, *pur* den Zielpunkt des
Interesses der handelnden Person. LR 78 I 20₆ s. § 11 b.

§ 9. **Pur mit dem Infinitiv** in finaler Verwendung [1]).
Es dient dazu

1) die Bestimmung, sei es des Subjekts, sei es des Objekts
anzugeben.

a) Des Subjekts.
Bra 750 s. § 3. 1316 *d'ici m'en voi pur asperir.* 1351 *ne change*
enfern pur aleger Mais pur les mals plus agreger. S. ferner 1382. 1390.
LR 20 I 6₄ *quei est ço que faire devum pur nostre mesfait espenir:*
quid est quod pro delicto reddere debeamus ei. 40 I 12₁₅ *la force Deu*
iert encuntre vus, pur descunfire e destruire e vus e voz maistres: z.
72 I 18₂₃ *jo, ki sui pur estre sis gendres:* al. 102 I 25₄₁ *prest sui*
que jo sei sa ancele pur laver les piez des serfs mun seignur: ut lavet.
173 II 15₃ *nuls n'est a ço asis par le rei pur oïr . . : qui te audiat.*
S. ferner 231 III 2₃₁. 237 III 3₂₈ u. s. w.

b) Des Objekts (das log. Subjekt des Infinitivs ist identisch mit
dem Objekt des Hauptsatzes).
LR 5 I 1₂₇ *jo li rend (cest enfant) pur lui servir:* z. *pur c. Inf.*
abhängig von *li.* 19 I 5₁₀ *mened unt l'arche jesque a nus pur nus ocire:*
ut inserficiat. 26 I 7₁₇ *un altel pur Deu servir leva:* z. einen zum
Dienste Gottes bestimmten Altar. 27 I 8₁₂. 44 I 13₇. 75 I 19₂₀ u. s. w.
Enveier pur s. u.

Asez pur mit dem Inf. LR 140 II 6₁₂ *od David esteient . . .*
asez bestes pur faire sacrefises: victima vituli.

Pur c. Inf. dient ferner und am häufigsten dazu
2) die Absicht des Subjekts auszudrücken.
Bra 29 *Dras de moine pur estre vil . . . Prist.* S. ferner Bra
448. 662. 966. 1008. 1096. LR 2 I 1₃. 11 I 3₂. 29 I 9₃ *(pur els (sc.*
adnes) querre, od un serjant enveiad sun fiz al querre: al.*) 56 I 15₂₁.
61 I 17₂. 63 I 17₁₅. 72 I 18₂₇. 74 I 19₁₂. 77 I 20₃. 81 I 20₃₃
u. s. w. *S'aprester pur* LR 408 IV 18₂₀ *t'aprestes pur bataille*
tenir: praepares te ad praelium. Vgl. s'aprester de c. Inf. LR 90 I 23₁₀.
— Note zu I 19₂₄ S. 76 *ki faire ne l' set, pur enseigner se met avant.*

---

[1]) Wie häufig *pur* und *a* beim Infinitiv wechseln können, zeigt
Soltmann an einer grossen Zahl von Belegen.

Nach den Verben a l e r, v e n i r, auch e n v e i e r, m a n d e r kann § 10.
pur vor dem Jnfinitiv stehen oder auch fehlen ohne sichtbaren Bedeu-
tungsunterschied.

aler pur c. Inf.: LR 89 I 23$_2$. 92 I 23$_{25}$. 145 II 7$_{23}$ u. s. w.
aler c. Inf.: Bra 317. LR 34 I 10$_{13}$. 93 I 24$_3$. 335 III 22$_6$.
350 IV 2$_{10}$.

venir pur c. Inf.: LR 44 I 13$_{20}$. 58 I 16$_{2.5}$. 64 I 17$_{25}$. 65 I 17$_{26}$.
88 I 22$_{16}$. 90 I 23$_6$. Note zu I 19$_{24}$ S. 76 u. s. w.

venir c. Inf.: Bra 320 *(revin dormer)*. 664. LR 163 II 18$_6$ *(le
vint veer)*. 271 III 10$_1$. 374 IV 8$_3$.

e n v e i e r p u r c. Inf.: (vgl. LR 29 I 9$_3$ s. o. unter 2)). LR 75
I 19$_{20}$ *enveiad ses humes pur prendre David: ut.* ferner 242 III 5$_1$.
283 III 12$_{16}$. 401 IV 17$_4$,

m a n d e r c. Inf.: LR 362 IV 5$_6$ *si cume li reis mande hume de
liepre guarir: misit ad me ut curem.*

Im Lat. stehen hier die Constructionen des Conjunctivs mit *ut* und
des Gerundiums mit *ad*, bisweilen findet hier auch Nebenordnung mit
et statt. Eine dem Franz. gleiche Construction hat Vulg. III 10$_1$ *venit
tentare eum* (franz. *vint en Jerusalem le rei tempter e sun sens espruver*).

Den blossen Infinitiv habe ich noch gefunden nach m e t t r e LR
334, Paralip. II 17$_{19}$ *cez que il out mis as citez guarder par tute Juda:
quos posuerat in urbibus muratis in universo Juda.* In Ps. O 49$_5$, wo
nach a p e l e r der blosse Infinitiv steht *(apelat le ciel desus e la terre
desevrer sun pople)* muss wol lat. Einfluss angenommen werden *(advo-
cabit . . . discernere).* (C hat *que juzst: ut judicet*).

Hat der Infinitiv (mit oder ohne *pur*) ein Objekt bei sich, so steht
dieses vor dem Verb (ausgen. Ps. 49$_5$).

Finale Bedeutung mag *pur* auch LR 5 I 1$_{27}$ haben. *Jo sui la
tue ancele, ki ja devant tei preieres fis E pur cest enfant dunt* (nach
Ollerich, Le Roux hat *dunc) Deu requis, il le me dunad a sun plaisir.*
Die Construktion ist mir hier unklar. Vulg. hat *pro puero isto oravit.*

V. Pur zum Ausdruck causaler Beziehungen.

1. P u r in der Bedeutung „zu Gunsten" oder auch „aus Rücksicht § 11.
für", „mit Rücksicht auf" (§§ 2. 3) erhält, wenn sich ein causaler Neben-
begriff damit verbindet, die Bedeutung „um — willen" (vgl. §§ 13. 14,
auch § 8).

a) P u r bezogen auf Personen.

Bra 244 *en prent pur Deu eire.* 730 *par Deu ci nus asemblames
Pur lui que nus mult amames.* — LR 90 I 23$_{10}$ *Saul s'aprestad de
venir sur Ceilam qu'il la destruied pur mei: propter.* 121 II 1$_{12}$ *plu-
rerent e . . . jeunerent pur le rei Saul e pur Jonathan: super.* 129
II 3$_6$ *tu as enquis mal vers mei pur mei arguer pur une femme: pro.*
Lu.: Du rechnest mir heute eine Missethat zu um ein Weib. 150 II 9$_7$
jo te frai merci pur Jonathan: propter. 165 II 13$_{22}$ *le haïd pur sa
surur Thamar qu'il out violee: eo quod violasset Thamar sororem suam.*
191 II 19$_9$ *ore s'en fuid de la terre pur Absalon: propter.* Deutsch
örtlich gefasst: vor. *fuir pur* steht auch S. 228 III 2$_7$ *(a facie).* 237
III 3$_{26}$ (s. u.). 279 III 11$_{32}$ u. s. w. So auch LR Note zu II 23$_1$

S. 210 *il out fait ocire Urie pur sa femme*, d. h. um sie zu erlangen (Jeron.). — Ps. 7 $_8$ *pur icesti (la synagoga des poples) en halt repaire: propter hanc (synagogam)*. s. ferner 43 $_{21}$. 68 $_{10}$. 104 $_{13}$ u. s. w.

Pur „um willen" kann auch im feindlichen Sinne gelten. LR 201 II 21 $_1$ *une famine avint . . ., pur ço fist enquerre de nostre Seignur que ço deust; e nostre Sire respundi: Pur Saul e ses fiz ki ocistrent . . .: propter Saul et domum ejus sanguinum.* — Ps. 5 $_9$ *Sire, demeine mei en ta justise pur les miens enemis: propter; pur mes dechanteurs: propter.* Ferner 8 $_3$. 26 $_{17}$.

b) Pur bezogen auf Sachen (vgl. besonders §§ 13. 14). Bra 28. 722 s. § 2. 1744 *ne pursaisun unc ne targent.* Bra. hinter 476, hat noch Hs. A: *pur sun cumant plus vus penerez* (Hs. Y liest *a sun comant plus vus prendrez*) (Wien S. 11). — LR 78 I 20 $_6$ *aler en B. pur uns festivals sacrefises:* Satz mit *quia.* Vgl. § 8. 116 I 30 $_{16}$ (vgl. § 14) *jurent . . . cume feste celebranz pur tute la preie e la pelfre ke . . .: discumbebant . . . pro cuncta praeda.* 140 II 6 $_{12}$ *Deus oud duned pur l'arche a. O. beneiçun: propter arcam,* d. h. weil die Arche im Hause des O. stand. 141 II 6 $_{11}$ *David esteit vestudz de une vesture linge pur humilited:* z. 145 II 7 $_{21}$ s. § 14. 202 II 21 $_7$. 237 III 3 $_{26}$. 378 IV 9 $_{26}$ (s. § 5). 432 IV 24 $_4$ (*propter*) Note zu I 9 $_{21}$ S. 76 (s. § 14). — Ps. 6 $_1$ *salf me fai pur la tue misericordie: propter;* id.: id. Ähnlich Ps. C 113 $_6$ (*O sur: super*). 16 $_5$ *pur les paroles de tes levres je guardai dures veies: propter;* id.: id. 24 $_6$ *sulunc la tue misericorde remembre de mei, tu, pur la tue buntet: propter;* (24 $_6$) id.: id. 40 $_{13}$ *mei acertes pur nunnuisance receus: propter innocentiam;* (40 $_{11}$) al. 44 $_6$ *prosprement va avant e regne Pur veritet e suatume e justise: propter;* (44 $_1$) ähnlich. 47 $_{10}$ *esledest li monz Syon . . . pur les tuens jugemenz, Sire:* (47 $_{12}$) *propter judicia tua;* id.: id. Lu. „Es freue sich der Berg Z." . . . „um Deiner Rechte willen", fast ebenso 96 $_9$. 118 $_{112}$ *jo enclinai mun cuer a faire les tues justificaciuns . . pur guerredunance: propter retributionem;* id.: id. Vgl. noch 121 $_9$. 129 $_1$. — *Pur mun* etc. *num* häufig LR 41 I 12 $_{22}$ *Deus ne vus guerpirad pas pur sun num: propter.* S. ferner Ps. 22 $_3$. 24 $_{12}$. 30 $_1$. 43 $_{24}$ (nur in O) u. s. w.

In manchen der aufgezählten Fälle diente *pur* zum Ausdruck von Anrufungen und Beschwörungen, so: LR 237 III 3 $_{26}$ (*merci pur Deu: obsecro, domine*). Ps. 6 $_1$ (*pur la tue misericordie*). 24 $_6$ (*pur la tue buntet*). *pur tun num* 24 $_{12}$. 30 $_1$. 78 $_9$ (*pur la glorie del tuen num*). Im Lat. ist immer *propter* gebraucht. Vgl. pur § 8.

§ 12.   Die Idee der Teilnahme für etwas lässt auch die Auffassung als Grund zu, wenn *pur* einen Gegenstand bezeichnet, für den das Subjekt sich so lebhaft interessirt, dass es durch denselben, wegen desselben in eine Gemütsstimmung versetzt wird. Im Deutschen bedient man sich hier der Präp. „über", „um".

a) Pur nach Verben, welche eine Gemütsbewegung enthalten. Bezogen auf Personen: 32 I 10 $_2$ *tis peres pur tei s'en est plaint e curius ad este: sollicitus est pro vobis. Curius pur* = *sollicitus pro* hat auch LR 29 I 9 $_5$. — LR 65 I 17 $_{32}$ *s'esmait pur:* al. 81 I 20 $_{34}$ *marriz pur: contristatus super.* 86 I 22 $_9$ *ki duille pur mei: qui vicem*

meam doleat. 114 I 30$_n$ *en anguisse e en amertume pur: amara super.*
190 II 19$_2$ *duleit pur: dolet super.* — Ps. 105$_{31}$ *travailliez fud M. pur
els: vexatus propter;* id.: *afflictus propter.* — Bezogen auf Sachen: *S'es-
maier pur* Bra 222. 904 *(dun (sc. un serpent) s'esmaient Plus que pur
nul mal).* 975. — 485 *ne pur altre rien ne dutent* (P *se douter de)*
(vgl. § 3). 1780 *pur lur venir cum s'esgoient* (P *de lor venir forment
s'esjoent).* — LR 16 I 4$_{18}$ *sis quers fud pourus pur l'arche: pavens pro
arca.* Vgl. *pourns de* LR 298, Paralip. II 13$_7$ (f.) — 81 I 20$_{31}$ *mult
fud marriz e pur David e pur ço que etc: contristatus est enim super
David, eo quod etc.* 280 III 11$_{40}$ am Rand *se enorguillid pur cez paroles.* Im Texte selber findet sich *s'en orguillid de* (Vulg. f.). 424 IV
23$_{13}$ *curuciez pur ço que: quia.* Note zu III 13$_{22}$ S. 290. *pur quei
es marriz e trublez pur la parole* (Josephus). — Ps. 37$_{18}$ *serai tristes
pur: contristabor pro;* O s. § 3. S. noch O 106$_{30}$. C 121$_1$. Vgl. noch
de LR 276 III 11$_9$ *s'en curuchad a Salomun de co que etc.: iratus . . .
quod.* LR 321 III 19$_{11}$ *(marement de).* 437 IV 25$_{26}$ *(pour de).* Craindre
de, Einfluss des Lat. *timere ab* in Ps. O C 111$_6$; *vers* 434 IV 24$_{20}$ *(sc
curuchad vers: contra)* hat ganz anderen Sinn als *pur.*

b) P u r nach Verben, welche eine Äusserung der Gemütsbewegung
enthalten.

Bezogen auf Personen: LR 32 I 10$_2$ s. o. *Plurer pur.* 123 II I$_{21}$
(flere super). 167 II 14$_2$ *(lugere c. acc.).* — Bezogen auf Sachen, *plurer
pur.* 375 IV 8$_{12}$ *(quia).* 100 I 25$_{31}$ *(ta conscience ne te remorderad
ne tu n'en plurras pur cest pecchied:* al.).

2. Auch das zum Ausdruck der V e r t r e t u n g dienende *pur* erhält   § 13.
c a u s a l e Nebenbedeutung in Ausdrücken wie: „zum Lohn, zur Strafe
für". Wir gebrauchen „für" und „wegen" gleichzeitig. Vgl. § 5. 14.

Bra 1562 *Od les justes resuscitrai Pur la vie que segut ai.* —
LR 13 I 3$_{21}$ *que les Philistiens les veintereient e ocireient en champ
pur le peche as fiz Hely* (Jeronimus): f. 51 I 14$_{13}$ *pur cest mesfait or
en murrai: z. (ecce).* 193 II 19$_{21}$ *eschaperad il de mort pur ces paroles
k'il ad ci dit?: pro his verbis.* 279 III 11$_{28}$ *li reis le out fait, pur sa
prucise, maistre recevur:* al. Vgl. ferner 293 III 14$_{16}$ *(propter)* u. s. w.
262 III 8$_{33}$ *si tes poples turne a fuie devant ses enemis pur sun pecchied: quia peccaturus est tibi.* LR Note zu II 19$_{30}$ S. 194 *pur cest
jugement ki trop fud hasted . . . li fiz Salomon Roboam e sis serfs Jeroboam partirent li regne David* (Jeronimus). Wegen dieses ungerechten
Urteils, zur Strafe für dasselbe, bewirkte Gott, dass die Söhne das Reich
teilten. — Ps. 38$_{14}$ *pur felunie tu castias hume;* (38$_{12}$) *propter;* id.: id.
72$_{19}$ *perirent pur la lur felunie: propter;* al.: al. Ps. C 106$_{34}$ *il po-
scrad . . . terre frutefiable en salsugene pur la malice de lui: prae;*
O *de: a.* Ps. 40$_{13}$ s. § 11 b.

3. Die ursprüngliche Idee der Rücksicht auf oder für etwas und
andererseits der Vertretung (Vergeltung) ist in den folgenden Fällen
vollkommen in die des G r u n d e s übergegangen.

Der Unterschied von s u b j e k t i v e m und o b j e k t i v e m Grunde
ist bei par § 15 auseinander gesetzt.

(Die Auffassung als Ursache ist ausgeschlossen, da die Bedeutung von *pur* (für, mit Rücksicht auf, wegen) stets eine Erwägung, sei es des Handelnden (des logischen Subjektes) oder des Erzählenden voraussetzt).

§ 14.   1) Pur zur Bezeichnung des subjektiven Grundes. „Wegen“, auch „um — willen“ (vgl. besonders § 11 und § 13, ferner par § 22). Bra 215 *pur le bon vent ne s'en feignent.* Wegen des guten Windes schonen sie sich nicht. 901 *poi en falt pur turmente La nef od eals que n'adente.* Wegen des Sturmes fehlt wenig, dass das Schiff nicht mit ihnen umstürzt. Vgl. § 15. 921 *guardez que pur fole pour Deu ne perdez* dass wegen eurer Furcht Gott euch nicht verlässt. 1195 *pur quel chose il ne sourent Salt en l'uns fors.* 1200 *Seignur, or de vus sui preiez (praedatus) Pur meis pechez.* — LR 9 I 2$_{27}$ *uns messages Deu pur cest pechie vint al evesche:* z. 12 I 3$_{13}$ *que jo jugereie sa maisun parmanablement, pur se (sic) iniquite, pur ço que . . .: propter iniquitatem, eo quod . . .* 18 I 5$_5$ der Gott Dagon lag zertrümmert auf der Erde. *Pur ceste chose li pruveire Dagon e li altre qui . . . ne marchent sur le suil jesque a cest jur: propter.* 100 I 25$_{31}$ s. § 12 b. 109 I 28$_{10}$ s. § 15. 116 I 30$_{16}$ s. § 11 b. 116 I 30$_{21}$ *ki furent remes pur lassesce ariere: lassi.* 145 II 7$_{21}$ *pur ta pramesse que . . . ces granz choses m'as fait: propter verbum tuum.* 151 II 10$_3$ *pur l'amur e l'onur-tun pere: propter honorem.* 397 Paralip. II 28$_9$ *nostre Sires ad ested curuciez envers Judam pur lur pecchied:* z. 409 IV 18$_{24}$ *cunent avez fiance en Egypte pur lur curres e pur lur chevals: propter.* S. ferner 427 IV 23$_{10}$. Note zu I 19$_{24}$ S. 76 (*Samuel s'enturnad de lui pur sun pecchied*). Note zu II 19$_{30}$ S. 194 s. § 13. — Ps. 11$_5$ *pur la miserie des sufraitus e le gemissement des povres ore m'esdreccrai: propter; pur le destruiment: propter vastitatem.* 16$_6$ s. § 11 b. 38$_{14}$ s. § 13. Ps. C 105$_{42}$ *humiliez sunt pur lur felunies: propter;* O (105$_{40}$) *en: in.* Ähnlich Ps. 106$_{17}$.

Den negativen Grund (trotz) bezeichnet *pur.* Bra 323 *pur tenebres ne remaneit.* 975 *mais cil pur oc ne s'esmaient.*

§ 15.   Pur zur Bezeichnung des objektiven Grundes (vgl. par § 20). Bra 602 *bien de tut se guarnisseint Pur defalte ne periseint.* P hat hier *par.* 901 s. § 14. 921 *guardez que pur fole pour Deu ne perdez.* Die Furcht ist der Grund des Verlustes. Oder auch als subjektiver Grund zu fassen, s. § 14. 1005 *ne crement pur le purpens Qu'il unt de Deu e le defens* (P *ne'l crement*). 1013 *pur sul l'air e le sun vent Pur poi la naf a chant ne prent.* Durch die Erregung der Luft und des Windes allein bringt er (der Greif) das Schiff fast zum Umkippen. *a chant* auf die Seite. Das Versmass stimmt nicht in L, Hs. A liest wie L, nur hat sie *de* für *le.* Hs. P zeigt sonderbarerweise *pur* mit dem Genitiv. *pur seul del air e de son vent.* Wien S. 35. 1620 *Deu en loient ni unt perte Pur la vertud de Deu certe.* P hat *par.* — LR 17 I 4$_{20}$ s. § 17. Vgl. par § 13 b, Urheber als Sache. 109 I 28$_{10}$ *ne t'avendrad si bien nun, pur cest afaire: nou eveniet tibi quidquam mali propter hanc rem.* Vgl. § 14. 116 I 30$_{21}$ s. § 14. 320 III 19$_{10}$ *grant marement ai oud pur l'amur nostre Seignur: zelo zelatus sum pro Domino.* Note zu I 6_{12} S. 22 *ne forsveient pur chose averse ne pur prosperite.* — Ps. 17_4 *pur la resplendur en sun esguardement les nues trespasserent: prae fulgore; pur fuildre: prae fulgore.* 87_9 *li mien oil languirent pur suffraite: prae inopia;* al. S. noch 89_{13} (unklar). 108_{23}. 115_1 (= Lu 116_{10}) 118_{28} (prae). — LR Note zu III 13_{32} S. 290 *pur quei es marriz e trublez pur la parole d'un musard* (Josephus). Ähnlich LR 85 I 22_2 *traveillez pur dette: oppressi aere alieno.* Vgl. hier S. 37 o. Ps. C. 106_{39} *travaillie pur anguisse de male dolur: propter;* O *de:* a. Vgl. par § 13 b, Urheber als Sache.

Beweggrund (Vgl. par § 21). § 16.

Bra 332 *ne portez rien od vus d'ici . . . N'enteins l'aigue pur nul se[i]* nicht einmal (Wien S. 33) das Wasser, aus Durst. 1268 *pur le doul si me pendi.* — LR 83 I 21_5 *pur estreit busuin e pur pour de mort le faimes* (Jeronimus): f. 141 II 6_{14} s. § 11 b. 145 II 7_{21} s. § 18. S. ferner 226 III 1_{50} (*pur la crieme: timens*). 268 III 9_8 (*pur merveille en sublerunt:* z. 333 III 21_{29} (*pur crieme de mei: mei causa*). LR Note zu I 6_{12} S. 22 *tienent la dreite estrace ne returnent pur cure terrienc ne pur tendrur de parente.* — Pur amur de häufig. 149 II 9_1 *a qui il poust faire merci pur amur Jonathan: propter J.* 277 III 11_{12} *ne l' frait pas en ses jurs pur l'amur sun pere: propter David patrem.* S. ferner 277 III 11_{13}. 280 III 11_{31} (beide Male *propter*) u. s. w. (LR 320 III 19_{10} gehört nach § 15). — Ps. 118_{128} *empurice amai je les tuens comandemenz . . Pur laquel chose a tuz les tuens comandemenz esteie adreciez: propterea; pur iceo: propterea.* — Vgl. de LR 182 I 17_{10} *que il se defaille de pour: pavore solvetur.*

Hinderungsgrund. § 17.

Bra 1261 *pur le plurer Brandans ne pout Avant parler.* 1421 *ne puis vomer pur le quivere.* — LR 17 I 4_{20} *ele, pur l'anguisse, ne respundi ne tant ne quant:* z. 234 III 3_8 *ki (le pople) l'um ne pot anumbrer pur multitudine: prae multitudine.* Ebenso 239 III 4_{20}. 242 III 5_3 *faire ne l' pout pur les granz guerres: propter.* 259 III 8_{11} *ne pourent ester ne le servise faire pur la nicule e pur l'oscurted: propter.* — Ps. 89_{13} (unklar).

Pur zum Ausdruck der Gemässheit (vgl. par § 25) lässt sich § 18. in unseren Texten schwer belegen.

LR 145 II 7_{21} *pur ta pramesse* (s. § 14) *. . . e pur la misericorde de tun quer ces granz choses m'as fait: secundum cor tuum.* Vgl. § 16. Pur ist hier schwerlich als wörtliche Übersetzung des lat. *secundum* aufzufassen. 415 IV 19_{29} *di pur veir:* z. sage der Wahrheit gemäss. Vgl. § 6.

Im allgemeinen nicht eingereiht sind die Fälle für pur quei, pur ço, pur ço que, die natürlich ausserordentlich häufig auftreten. In der Regel sind sie Übersetzungen von *quare, cur, quamobrem; ergo, propterea, igitur, idcirco, itaque; quia, (pro) eo quod, ut.* Pur quei findet sich in direkten oder indirekten Fragesätzen: Bra 428. 468. 1051. 1256. LR 8 I 2_{23}. 9 I 2_{29}. 14 I 4_8. 20 I 6_8. 31 I 9_{21}. 51 I 14_{41}. 55 I 15_{19}. 58 I 16_{62} (*usque quo*). 62 I 17_8. 64 I 17_{28}.

65 I 17 $_{28}$. 74 I 19 $_5$. 75 I 19 $_{17}$. 79 I 20 $_{15}$. 80 I 20 $_{27}$. 81 I 20 $_{32}$ u. s. w. Ps. 2 $_1$. 4 $_8$. 9 $_{38}$. 21 $_1$ u. s. w. (Vgl. *a quei* 79 $_{13}$ und 87 $_{15}$: *utquid*) — in Relativsätzen, auf einen ganzen Satz bezüglich: Bra **58. 258. 910. 1162. 1230** — in Relativsätzen, bezüglich auf ein einzelnes Wort, das gewöhnlich ço ist. Bra **218. 774.** 1260 (*le forfait pur quei ci es*) — nach tant Bra 790 *la mer fud tant passibile* (P *paisible*) *Pur quei unt [le] curs mult peinible.* 808 *tant empristrent pur alelet* (nach Vi. S. 70 Bi. S. 40 *a celet* zu lesen) *Pur quei furent fol apelet.* — P zeigt in obigen Fällen *par coi* neben *por coi*, ersteres **58. 808. 910. 1162. 1230,** letzteres **218. 258. 428. 468. 774. 1256.** (1260 al.).

Pur ço ist ausserordentlich häufig. Bra **22. 27. 240. 243. 299. 473. 533. 975. 1276. 1461. 1632.** LR 9 I 2 $_{30}$. 12 I 3 $_{14}$. 19 I 5 $_{11}$. 26 I 8 $_{1.4}$. 29 I 9 $_6$. 30 I 9 $_{13}$. 35 I 10 $_{22}$. 37 I 11 $_7$. 39 I 12 $_7$. 41 I 12 $_{24}$ u. s. w. Ps. 15 $_9$. 17 $_{53}$. 24 $_9$. 30 $_{29}$. 51 $_5$. 65 $_{16}$. — In Bra L findet sich auch dafür *pur cel* 117. 1451. Im Oxf. Ps. ist statt *pur ce* (*ice*) auch *empurice* sehr gebräuchlich 1 $_6$. 44 $_3$. 72 $_{6.10}$. 77 $_{25}$. 118 $_{67.104.119.127}$ u. s. w.

Pur ço (oc, ce, ice) que — causal: weil, dafür dass = eo quod, quia, enim. Bra **21. 518. 527.** — LR 12 I 3 $_{13}$. 23 I 6 $_{19}$ 2 Mal. 28 I 8 $_{18}$. 30 I 9 $_{16}$. 43 I 13 $_{11}$, I 13 $_{14}$ u. s. w. — Ps. 108 $_{11}$ „als Strafe dafür dass“ (O *pro*) *eo quod*. — Nach Verben der Gemütsbewegung „darüber dass“: LR 81 I 20 $_{31}$ *marriz pur ço que* (*eo quod*). 424 1V 22 $_{13}$ s. pur § 12 a. Pur ce que in causaler Bedeutung ist in den Ps. selten. Denn *quonium* und *quia* werden in der Regel durch *kar* wiedergegeben. — Die Vergeltung bezeichnet *pur ço que* Ps. C 108 $_5$ *pur ceo que je amoe els, cuntrarioent a mei: pro eo quod;* O hat *pur ice qu'il mei amassent detraeient a mei: pro eo ut.* — Final: damit = ut. Bra 986 *la turmente sus la* (*la terce part del peisun*) *chacet Pur ço que acez aise facet* (P *por ce passer c'aise lor face*(?)). — LR 33 I 10 $_8$ *tu pur ço i vendras que offrande face a Deu: ut.* 71 I 18 $_{17}$ (*tantummodo*). 71 I 18 $_{21}$. Note zu I 1 $_2$ S. 2. — Ps. 9 $_{14}$. 9 $_{30}$. 9 $_{37}$ u. s. w. — Über *pur ço que* in Ps. C s. den Michel'schen Index.

An *pur ço que* schliesst sich: Si pur ço nun que ausgenommen dass, wenn nicht = nisi qnod, nisi quia. LR 350 IV 2 $_{19}$ *mult par fust bons li surjurs a ceste cited . . . si pur ço nun que pesmes sunt les eves: sed.* Ps. 98 $_{17}$ *si pur ce nun que nostre Sire ajuad mei, un petit meins habitast en enfern la meie aneme: nisi quia Dominus adjuvit me, paulominus habitasset in inferno anima mea; se pur ceo nun que li Sires est mes aiderre, id: nisi quia Dominus auxiliator meus, id.* Ps. 118 $_{92}$ *si pur ce nun que la tue lei est li miens purpens, lores . . perisse: nisi quod; se pur ceo nun* (ohne *que*) *la tue lei le mien delit est: nisi quod.*

Andere eigentümliche Constructionen sind: Pur poine = fast. Bra **752. 1014. 1231. 1424.** Ne pur tant nichtsdestoweniger Bra **55. 575. 627. 1099** (P zeigt immer *ne* (*non*) *por quant*. LR 165 II 13 $_{27}$ hat mais ne pur oc tant: *itaque*). — Ne pur quant. LR 125 II 2 $_7$ (*tamen*). 280 III 11 $_{34}$ (*ne pur quant ne: nec*). 315 III 18 $_{19}$ (*verumtamen*). 340 Paralip. II 19 $_3$ (z). Pur oc ne s. § 14 Schluss.

Pur neient wörtliche Übersetzung von *pro nihilo*. Ps. O 55 $_7$. 80 $_{13}$ (C *en nient: in nihilum*). 89 $_5$. 105 $_{23}$. LR 172 II 14 $_{19}$ s. pur § 8.

Einige Worte sind noch anzufügen über die Wiederholung und Weglassung der Präpositionen, wenn mehrere Präpositionalausdrücke von der gleichen Präposition abhängen. In dieser Hinsicht beweist der Brandan wenig, da das Versmass in demselben jedenfalls einen bestimmenden Einfluss ausgeübt haben wird. In den Psaltern würden nur vom Lateinischen abweichende Fälle beweiskräftig sein. Um so grösseres Gewicht haben die Schlüsse, die sich aus den stilistisch ungebundenen *Quatre Livres des Rois* ziehen lassen. Im Folgenden sind nur einige Punkte angedeutet, die sich aus der Untersuchung unserer beiden Präpositionen ergeben haben. Eine eingehende Untersuchung über Wiederholung und Weglassung der Präpositionen hätte sämmtliche Präpositionen nach dieser Hinsicht genau durchzugehen und zu vergleichen; ob eine solche aber wesentlich bedeutendere Resultate als die unten folgenden liefern würde, ist fraglich.

Im Ganzen kann man wohl die Wiederholung der Präposition als die Regel betrachten. So wird sie wiederholt nach allen Bindepartikeln ausser *e*: *que .. que .. LR* Note zu I 1$_2$ S. 2 *que par peres que par fiz.* — *cume* LR 46 I 14$_{11}$ *par poi cume par mulz: vel in multis vel in paucis.* — *mais* Bra 1351 *ne change enfern pur aleger Mais pur les mals plus agreger.* — *ne* oder *ne .. ne ..: par* LR 9 I 2$_{25}$ (s. par § 11). 67 I 17$_{17}$ (§ 11). 110 I 28$_{13}$ (§ 7 1 b). 170 II 14$_{17}$ (§ 11). 368 IV 6$_{22}$ (§ 11). Note zu I 28$_{20}$ S. 111 (§ 7 2 b); *pur* Note zu I 6$_{12}$ S. 22 (*pur* §§ 15. 16). Auch muss natürlich die Präposition wiederholt werden, wenn keine Bindepartikel vorhanden ist. LR 7 I 2$_{13}$ $_{13}$ *par pri, par force:* al. (par § 11).

Dagegen herrscht bei der Bindung mit *e* die grösste Willkür. Sind die Präpositionalausdrücke nicht vollkommen gleichwertig, so ist Wiederholung selbstverständlich. Z. B. LR 148 II 8$_{16}$ *par lui e par sun esguard* (§ 13) *e pur David e pur ço que: super David eo quod* (§ 12). Auch bei durchaus gleichwertigen Präpositionalausdrücken wird die Wiederholung dem Sprachgeiste mehr zugesagt haben. Ps. O 65$_{11}$ *nus trespassames par fu e par ewe: per ignem et aquam,* wo also die Wiederholung sich **abweichend** vom Lateinischen findet, ist ein Beleg für letztere Vermutung, die ferner bekräftigt wird durch die Thatsache, dass an manchen Stellen die Präposition drei- ja vierfach gesetzt ist. Ausser Bra 43 *(pur sei e pur trestut sun lin, pur les morz e pur les rifs)* auch LR 29 I 9$_1$ *par la terre Salisa e par la terre Salim . . e par la terre Gemini passerent* (im Lat. sind die Präpositionalausdrücke getrennt). 48 I 14$_{21}$ (par § 13 b) (hier herrscht rhythmische Prosa). 323 III 20$_7$ (pur § 8 Schluss). Andererseits habe ich bei *pur* mit dem Infinitiv zwei Fälle gefunden, wo die einmal gesetzte Präposition sich auf drei Ausdrücke bezieht LR 2 I 1$_3$ *pur Deu preier, oblatiuns faire c sacrifier: ut adoraret et sacrificaret.* 284 III 12$_{21}$ *pur envaïr e bataille tenir . . c cunquerre; ut pugnarent . . et reducerent.* (Vgl. auch Ps. O 44$_6$). Auch findet man Unregelmässigkeiten wie LR 271 III 10$_1$ *par ses dutances c ses demandes e par ses questiuns: in aenigmatibus* und LR 27 I 8$_{12}$ *pur sa terre arer e pur ses blez seer e pur ses armes forgier e ses curres agreier:* al. Feste Gesetze lassen sich also in dieser Hinsicht schwer aufstellen.

Inhaltsverzeichnis.

Zusammenstellung wichtigerer Präpositionalausdrücke.

Abkürzungen.

Klammern.

Nebenbemerkungen sind in runde Klammern gesetzt.

In Citaten bedeuten runde Klammern, dass die zwischen ihnen befindlichen Wörter zu tilgen, eckige, dass die zwischenstehenden Wörter zu ergänzen sind.

Lebenslauf.

Ich, Friedrich Wilhelm Alfred Barthe, evangelischer Con-
fession, wurde am 25. Januar 1861 als der Sohn des Postsekretairs
Engelhard Barthe und seiner Frau Sophie geb. Burghard zu
Hamburg geboren. Hier besuchte ich die Realschule (I. O.) des Johanneums
von der Vorschule an und bestand die Reifeprüfung Mich. 1879. Nachdem ich darauf in der Familie eines Obersten zu Metz ein Jahr lang
eine Hauslehrerstelle inne gehabt hatte, widmete ich mich seit Mich. 1880
dem Studium der neueren Philologie zu Marburg und Berlin. Ostern 1882
erwarb ich mir als Extraneus noch das Gymnasial-Reifezeugniss zu Fulda.
Das Examen Rigorosum machte ich am 15. December 1884 an der
philosophischen Facultät zu Marburg. Meine Lehrer waren in Marburg
die Herren Prof. und Doc. Bergmann, Birt, Cohen, Justi, Koch,
Lucae, Sarrazin, Stengel, Varrentrapp, Vietor; in Berlin
die Herren Droysen, Paulsen, Scherer, Tobler, von Treitschke,
Zupitza. Für die Anregung, die sie meinen Studien gegeben haben,
spreche ich diesen Herren, besonders Herrn Prof. Stengel, bei dieser
Gelegenheit meinen wärmsten Dank aus.

—————o§o— - - ---

Druck von A. Hopfer in Burg.